# 李汉俊

中共一大代表丛书

田子渝 著

中共党史出版社

图书在版编目（CIP）数据

李汉俊 / 田子渝著．-- 北京：中共党史出版社，2024.1

（中共一大代表丛书）

ISBN 978-7-5098-6472-2

Ⅰ．①李… Ⅱ．①田… Ⅲ．①李汉俊（1890-1927）—传记 Ⅳ．①K827=6

中国国家版本馆CIP数据核字（2023）第232465号

书　　名：李汉俊
作　　者：田子渝
出版发行：中共党史出版社
责任编辑：李亚平
社　　址：北京市海淀区芙蓉里南街6号院1号楼　邮编：100080
网　　址：www.dscbs.com
经　　销：新华书店
印　　刷：天津鑫旭阳印刷有限公司
开　　本：710mm×1000mm　1/16
字　　数：186千字
印　　张：14
版　　次：2024年1月第1版
印　　次：2024年1月第1次印刷
书　　号：ISBN 978-7-5098-6472-2
定　　价：56.00元

此书如有印装质量问题，请联系中共党史出版社读者服务部　电话：010-83072535
版权所有·侵权必究

# 出版说明

《中共一大代表丛书》经原中共中央党史研究室审定，于1997年由河北人民出版社推出第一版，时任中共中央党史研究室副主任郑惠和全国中共党史学会副会长、北京师范大学教授张静如担任主编。该丛书收录了参加中共一大的代表传记，这些代表是：上海的李达、李汉俊，北京的张国焘、刘仁静，长沙的毛泽东、何叔衡，武汉的董必武、陈潭秋，济南的王尽美、邓恩铭，广州的陈公博，旅日的周佛海；包惠僧受陈独秀派遣出席了会议。丛书中《毛泽东》《张国焘》《刘仁静》等9位传主的传记是当时国内出版的第一本完整的传记（分别是45万字到20万字不等）。丛书面世20多年来，在社会上产生了较大的反响，赢得众多读者的广泛关注和好评。令人痛惜的是，丛书的两位主编已经分别于2003年和2016年仙逝。中国共产党已走过百年奋斗历程，历经辗转，我们分别和各册传主的作者或家属取得联系，请他们对书稿内容进行充实、文字进行完善、史实进行校订，由中共党史出版社再版发行。

丛书能够再版，要特别致敬郑惠和张静如两位老先生，也衷心感谢丛书的副主编张树军、萧寒、肖功柄。并感谢为丛书出版付出过辛苦努力的河北人民出版社马千海、荆彦周等同人。

中共党史出版社

2024年1月

# 总　序

古老的东方有一条龙,她的名字叫中国。她有过自己的辉煌。

然而,当世界之舟驶入近代港湾时,这条巨龙却喘息着落伍了。

20世纪初的中国,内忧外患,满目疮痍。无数觉醒的中国人以各种方式,探寻着救亡图存的道路。

当时间老人迈着沉重的步子,蹒跚地走进20世纪20年代的时候,一件开天辟地的伟大事件悄悄地降临了。

1921年7月,13位年龄不一、口音不同、装束各异的年轻人,肩负着全国50多名党员的重托,在上海秘密聚会,宣告了中国共产党的诞生。从此,在古老落后的中国大地上,出现了完全新式的、以马克思列宁主义为行动指南的、统一的和唯一的无产阶级政党。

这次被命名为中国共产党第一次全国代表大会的历史性聚会,是在反动统治的白色恐怖下秘密举行的,除了会场一度遭到暗探和巡捕的骚扰以外,在社会上并没有引起任何注意,好像什么事情也没有发生。但是,一个新的革命火种由此在沉沉黑夜的中国大地上点燃起来了,中国历史将由她谱写出全新的篇章。

斗转星移!

在20世纪即将过去的时候,当年仅有50多人的中国共产党,已经发展成为拥有5800多万党员的执政党。在中国共产党成立后76年的历史过程中，她领导中国革命和建设，历经坎坷，取得了辉煌的胜利和举世瞩目的成就。

如今，参加中共一大的代表都已过世。追寻他们的人生足迹和思想历程，从中探求人生的价值，寻觅历史发展的轨迹，揭示社会发展的规律，成为后人特别是历史学家说不尽道不完的话题。

大浪淘沙！

当年一同参加中共一大的代表，由于种种原因，后来走上了不同的人生之路。毕生为党的事业奋斗者有之，为人民的解放而献身者有之，中途脱党者有之，背叛革命者有之，沦为汉奸者有之。他们的曲折经历，尽现了复杂离奇的社会变迁，折射出剧烈动荡的时代特点。

这种复杂的情况，也就成为后来人研究中共一大代表的难点所在。

多少年来，研究中共一大代表的生平和思想，为他们各写一部传记的想法，一直萦绕在我们的脑海。这也是我们作为史学工作者的义不容辞的责任。1995年七八月间，我们和河北人民出版社经过周密策划，邀请有关专家学者，正式启动了这一工程。

历史著作和人物传记的生命在于真实。只有真实，冷冰冰的书籍才会流淌生动的音符，才会涌动生命的活力。要做到这一点，最重要的是材料和方法。历史人物的传记写得成功与否，全赖于此。有了准确的材料和科学的方法之后，最重要的是搞清楚和把握住历史人物一生最根本的追求是什么，并把历史人物活动的时空环境尽可能地再现出来，把历史的真实再现出来，从而给历史人物一个比较准确的历史定位。这样写出来的历史人物传记，才会给读者一个大体逼真的历史人物形象。这也正是我们这套丛书所努力的目标。

为此，我们提出了四条编写原则：（一）据实直书而不拘泥于定论，以确凿的历史资料为依据，实事求是地秉笔直书，注重思想性、科学性、学术性。(二)史料丰富而不至于芜杂，挖掘和采用真实可靠的具有历史价值的史料，去粗取精，摒弃似是而非、查无实据的材料，严禁杜撰情节。(三)重点突出而不平铺直叙，结合社会历史背景，突出写传主的活动，以人和事贯穿全书，兼顾传主的思想发展和个人生活，写出传主的性格特点和人生色彩。(四)文字生动而不求浮艳华丽，力求达到语言生动活泼，优美流畅，有较强的可读性。

基于上述目标和原则，同时也考虑到中共一大代表各自不同的多面人生，我们在编写这套丛书时，还强调发挥各本书作者的主动性和创造性，作者可以阐发自己的观点，体例和风格也不强求完全一致。人物传记本来就没有一种模式、一个套路。作者在求真的前提下，以不同风格、不同体例来撰写人物传记，也可体现出人物传记写作的多样化和丰富性。

历时两载，我们编写的这套丛书终于和广大读者见面了。如果读者朋友特别是青年朋友能从这套丛书中得到或多或少的收获，那将是我们的最大快乐和欣慰。

需要特别指出的是，在参加中共一大的代表中，周佛海、陈公博、张国焘等人先后走上了党和人民的对立面。这从一个方面证明了树立正确的世界观、人生观，是何等的重要。对于这些人，我们按照实事求是的原则，把他们放在具体的历史环境中，直书他们的人生，分析他们的变化，其目的，一是真实地反映历史，二是希望从中得出一些有益的教训。

回过头来看这套丛书，我们所确定的目标和原则，可以说有些达到了，有些则还没有达到，或者说没有完全达到，留下了一些遗憾。这一方面是由于挖掘的资料还不够充分，另一方面，也与我们的水平和方法有关。我们热忱地欢迎广大读者朋友批评指正。

最后，我们还想强调两点：一是我们在编写这套丛书时，参考了许多史学家的研究成果，吸收了他们的最新研究成果，借本书出版之际，对这些同行表示诚挚的谢意。二是我们在编写这套丛书的过程中，得到了史学界、出版界以及有关部门的大力支持和帮助，特别是中共中央党史研究室的 10 余位专家顶着酷暑，为我们审阅了全部书稿。对于他们的辛勤劳动和全力帮助，我们表示衷心的感谢。

郑　惠　张静如<br>
1997 年 8 月

# 目 录
## CONTENTS

### 第一章 · 走出荆楚大地　001

- 002　东渡扶桑
- 008　确立救国的道路

### 第二章 · 马克思主义的播火者　019

- 020　宣传唯物史观
- 031　《马格斯资本论入门》
- 037　高举起批判基尔特社会主义的大旗
- 043　介绍国际共产主义运动史

### 第三章 · 为创建中国共产党而奋斗　051

- 052　大力进行建党的革命宣传
- 061　发起上海共产党早期组织
- 067　在中共一大上
- 078　坚信马克思主义志不移

## 第四章 · 时事评论和文学艺术　085

- 086 ｜ 时事评论
- 097 ｜ 文学评论

## 第五章 · 中国工人运动的先驱　111

- 112 ｜ 热情投身劳工运动
- 122 ｜ 初探工人运动的理论
- 132 ｜ 评介美国 I.W.W

## 第六章 · 艰难曲折的三年　139

- 140 ｜ 在武昌高师
- 147 ｜ 令人痛惜的错误
- 154 ｜ 五卅运动前后
- 162 ｜《中国无产阶级及其运动之特征》

**第七章 · 最后的岁月** 169

- 170 ｜ 在大革命的洪流中
- 179 ｜ 与国民党右派作斗争
- 188 ｜ 不幸遇难
- 196 ｜ 评价与回忆

**主要参考书目** 203

**后　记** 205

第一章
CHAPTER ONE

# 走出荆楚大地

## 东渡扶桑

在中国湖北中部有一个古老的县——潜江（今潜江市），在公元前5世纪，这个地方就有了历史记载，原属于楚国章华和竟陵。宋乾德三年（965年），正式用现名，建县城于豆子湖，隶属湖北路江陵府。1913年潜江属襄阳道，1926年改为省辖县。

潜江地处江汉平原中部，地势平坦，一马平川，是我国主要的商品粮棉产区。西靠近长江；汉江从县内北边日夜不息地流过，汉江的支流东荆河纵横东部县境。在漫长的历史长河中，在楚文化的熏陶下，这儿人才辈出，仅在近代就涌现出资产阶级革命家傅慈祥、刘静庵等。

本书的主人翁也是其中的一个。这位从荆楚大地走出去的烈士原名李书诗，号汉俊，又名李人杰。生于1892年（光绪十八年）阴历三月初十。他的家乡湖北潜江坨埠垸（今潜江杨市袁桥乡）虽是我国中部最富庶的地区之一，但是在半殖民地半封建的旧社会，优越的地理环境却没有给劳动人民带来温饱，稍有天灾，广大的农民就四处逃荒。这在他幼小的心灵里留下了不可磨灭的印迹。

他出生在一个贫寒的知识分子家庭。他的父亲李金山（1844—1919，字凤亭，晚年别号老迂）从小刻苦用功，尤善书法，打下了扎实的旧学基础。长大后走上了传统的科举道路，但屡试均落第，直到38岁才中了秀才。为了谋生，他在乡间或城关当上了塾师，过着清贫的生活。李金山生活在国势日衰的动荡年代，西方列强掀起了一阵阵瓜分中国的浪潮，民族灾难日益深重，激起了包括李金山在内的广大知识分子的强烈忧患意识。他执教时，经常教育学生勿忘国耻，好好学习，掌握救国的本领，将来为国家效力。

李金山共有七个孩子（三男四女），长子书麟早丧。他将希望寄托在次子李书城和三子李汉俊身上。他以军事、工商业为富国强兵之道，训勉李书城习军事，李汉俊学工商业，"各成专材以备国家用"①。李金山的殷殷爱国之心，在李汉俊的幼小心灵里埋下了深深的根。

李书城对李汉俊最初的成长起到了十分重要的作用。李书城（1882—1965），字晓园，又名筱垣、小垣。在仕途中，李书城要比他父亲幸运得多，在16岁时，就中了秀才。那时他头上留着长辫子。也许是为了图个吉利，大人在他的辫子上扎了一根红绒线，所以乡邻们叫他是"红绒线辫子的小秀才"。1899年他离开了闭塞的家乡，来到省城武昌，入经心书院。这所由湖北开一代新风的张之洞创办的高等学府，开设了西方近代教育课程，极大地开阔了李书城的眼界。他开始接受西方民主思想，结识了革命党人吴禄贞②。

1902年，李书城被张之洞选派到日本，初入东京弘信书院速成师范学习，后进日本陆军士官学校。在那里他拜访了孙中山，结交了黄兴，开始投身革命。他和友人组织湖北同乡会，创办了《湖北学生界》（后易名《汉声》），宣传反清、爱国的民族思想。

1904年，年仅12岁的李汉俊在吴禄贞的资助下，也东渡扶桑。他留学日本不是孤立现象，是随着中国近代留学热潮而踏上了东方的岛国。在政治上，日本自从明治维新后，迅速成为帝国主义国家。它在脱亚入欧时，走向了向外扩张的道路，中国首当其冲。日本这个不到中国4%面积的弹

---

① 甘鹏云：《潜江李府君墓表》，见《潜庐类稿》卷61。
② 吴禄贞（1880—1911），字绶卿，湖北云梦人，早年入新军，1899年进日本士官学校，同年参加兴中会，后又参加华兴会。1910年任新军第六统制。1911年密谋反清，11月7日，被袁世凯派人杀害。

丸小国，却在甲午战争中打败了天朝上国。但在文化上，中国竟出现了空前的留日热，大批的青年学生涌向扶桑之国。就在李汉俊到日本的这一年，中国留日学生就有近5000人，与李汉俊同赴日本的湖北留学生有420人。到1906年，留学热达到高潮，有上万学子东渡。中国留学日本运动延续时间之长，人数之多，所习学科面之广，都是世界历史上所罕见的。为什么昔日留学生派遣国——日本会变成留学生教育国，而留学生教育国——中国却变成留学生派遣国呢？为什么大批中国知识分子渡海到令中国蒙上奇耻大辱的敌对国——日本去拜师求知识呢？

19世纪中叶，西方资本—帝国主义列强用大炮、商品和毒品砸开了中国腐朽的长城，使中华民族危机日益深重。1894年第一次中日战争，日本打败了中国，强烈地震撼了中国朝野上下。具有强烈忧患意识的先进中国人进行了深刻反思，很快他们发现，中日的差距主要在学习西方的差距上。日本自"大化革新"以后，持续1200年左右时间的封建社会，到19世纪中叶，与中国一样，同样遭到了西方列强的侵凌，受到沦为殖民地社会的威胁。日本于1868年开始了大规模学习西方的变革运动，很快从封建社会转变为拥有强大军事和经济实力的资本主义的近代化的国家。随着这个历史进程，日本大量翻译出版了西方文化书籍，几乎全方位地引进近代文化。

先进的中国人认识到："今日之日本，其于吾国之关系，则犹桥耳。数十年以后，吾国之程度，积渐增高，则欧美各国，固吾之外府也。为今之计，则莫如首就日本。文字同，其便一；地近，其便二；费省，其便三；有此三便，而又有当时维新之史，足为东洋未来国之前鉴。"[①]也就是说中国绝大多数留学生是抱着救国、强国的梦而负笈东渡，企图通过日本这座"桥"，去挽救面临瓜分危机的祖国。因此20世纪初的留学热是中国人民

---

[①] 《日本游学指南》，转引自实藤惠秀：《中国人留学日本史》，生活·读书·新知三联书店1983年版，第148页。

进行救亡图存，将祖国建成为现代化国家的历史进程的重要一部分。

正是这股强劲的世纪潮，将李汉俊与许多热血青少年送到了一衣带水的邻国。在那里，李汉俊和李书城住在一起，耳濡目染，受到资产阶级民主思想的熏陶。他最初进入一个叫晓星的法国教会中学读书，后入第八高等学校（大学预科）。1915年7月，他考入东京帝国大学土木工学科。这时他成为清政府的官费生，住在东京牛込区白银町33番，先后由刘震新（湖北沔阳人）、言微（江苏常熟县人）作保证人。1918年7月19日毕业。从他在该校的成绩单看，他的学习成绩一般，三年各科的平均成绩分别为69.8分、69.1分、67.8分，毕业论文评点是65分。由此看来，他的心思没有完全用在学习上。

事实也正是这样。处在民族危机四伏的时代，李汉俊和他的中国同学，绝大多数是无法安心读书的。那时中国政潮波澜起伏，袁世凯复辟、府院之争、张勋复辟、段祺瑞政府的媚日卖国……这些都在中国留学生中掀起了一阵阵狂涛。如何救国成为他们首要思考的问题。要救国就要有救国的思想和主义，李汉俊正在苦苦地寻找救国的思想武器。

他成绩差还有一个原因，就是他对日本资产阶级教育制度和死板的考试方式的愤恨和抗争。他在《我的"考试毕业"观》（《星期评论》第44号，1920年4月4日）做了披露。日本考试，只要第一、二次考试考得好，得到老师好的印象，那么以后的成绩就与前次的差不多。如果第一、二次考得不好，那么就永远也不要想得到好的成绩。他进帝国大学时的第一次考试，碰巧住地失火，将他的所有书籍笔记烧得干干净净，"于是此后成绩就受打击，发表底结果很坏。自此以后，就永远跳不出后二十名了"。

这时的日本正是社会激烈动荡的大正时期（1912—1925），日本在日俄战争中确立了世界强国的地位。这一显著变化，一方面推进了日本军国主义，加强了日本国民的民族意识；另一方面社会潜在的各种矛盾日益激化。以上两个原因在日本造成了东西文明的比较和社会主义的传播。在思想上，单纯的崇拜西方的热情明显衰退，同时，国粹主义也失去了根据。人们寻根于日本的社会与现实，树立独立文明的倾向愈来愈浓。在寻求新思想的时候，社会主义的传播形成了高潮。

日本社会主义运动是从甲午战争后开始的。1898年10月，日本成立了"社会主义研究会"（后改为"社会主义协会"），幸德秋水、堺利彦、片山潜、山川均、河上肇等成为日本社会主义运动的先驱者。伴随社会主义运动的风起云涌，马克思主义在日本迅速得到传播。中国具有初步马克思主义思想的知识分子对马克思主义的信仰，最初也是通过日本这座"桥"而树立的。如李大钊、陈独秀、李达、陈望道、施存统[①]等，均是从日文中学习马克思主义的。李汉俊也不例外，他毅然放弃了最喜爱的数学，选择了马克思主义，从而在思想上超越了兄长李书城。

在日本学习期间，李汉俊认识了两位激进的青年。一位是戴季陶（1891—1949），原名传贤，学名良弼，字选堂，又字季陶。因戴氏先祖出自安徽，后迁居浙江，他生于四川广汉，所以他自称是"蜀中野人"。自幼受到传统的教育，聪悟敏颖，有神童之誉，但早年科举考试却落第，使这位后来长期担任国民政府考试院长的人与科考生无缘。1903年他考入成都客籍学堂高等科，在学习期间，第一次受到革命思想的影响。16岁时，到日本东京留学。这一年，孙中山先生创立中国同盟会。戴季陶初入师范学校，后转入日本大学，专攻法科。虽然他追随孙中山先生是后来的事，

---

[①] 施存统（1899—1970），又名复亮，化名方国昌。浙江金华人。早年入浙江省第一师范学校。1919年参加五四运动，次年4月参加上海星期评论社的工作，不久参与筹建上海共产党早期组织。同年东渡日本，担任旅日共产党早期组织负责人。1921年底回国后，出任中国社会主义青年团第一任团中央书记部书记。1927年大革命失败后，脱离中国共产党。1945年参与发起中国民主建国会。中华人民共和国成立后，历任全国政协常委、劳动部第一副部长、民建中央常委会副主任委员。1970年11月29日在北京逝世。

但很显然那时他已被孙中山的革命思想所感染。

1909年夏,戴季陶归国,曾在苏州任职。半年后到上海,初在《上海日报》担任编辑,后就职《天铎报》,不久担任该报的主笔,同时他为中国同盟会会员于右任办的《民立报》撰稿。此时他开始用"天仇"的笔名写文章,表明他与腐朽的封建王朝实行彻底的决裂。他的文章针砭时弊,笔挟风雷,使其名声大振,也使《天铎报》成为"提倡民族主义,鼓吹排满"的最具有影响的十三种报纸之一。1911年春,因鼓吹革命而遭到清政府的通缉,亡命日本。不久应好友雷铁崖(昭信)的邀请,到南洋,担任《光华日报》编辑。在那里他参加了中国同盟会,从此成为一个职业革命者。辛亥武昌首义爆发,他立即赶到汉口,与革命军一起,参加了阳夏保卫战。后到上海,上海光复后,办《民权报》,鼓吹革命。

1912年9月,孙中山先生督办全国铁路事宜,戴季陶被聘为孙中山的(机要)秘书,直到孙中山先生逝世。在这十多年的时间里,他总体有三分之二的时间在孙的身边。二次革命失败后,他再次出走日本,协助孙中山成立中华革命党。直到五四运动前夕,他仆仆于中日之间。

另一位同志是沈玄庐(1883—1928),名定一,字剑侯,别号玄庐。浙江萧山人,生于福建顺昌。早年入县学,为邑庠生,后用一万元得任云南广通县知县。1908年到日本,与中国同盟会接触频繁,接受资产阶级民主革命思想的熏陶。1911年辛亥革命爆发,参加上海光复、南京战役等。次年组织公民急进党。二次革命失败后,遭通缉,亡命日本、新加坡等地。1916年浙江议会恢复,被选为省议会议长。护法运动失败后,到上海开始注意社会主义问题。

戴、沈在日本期间,或在新文化运动中,受到日本大正社会主义思潮的冲击,思想上均曾倾向社会主义。所以他们在上海与李汉俊重聚时,很快找到了思想上的共同点。

李汉俊在日本是十分活跃的,他结识了一些日本的社会主义者、倾向社会主义者,以及其他进步人士。他的活动引起了日本外务省的密切注意,派人加以监视。这一点从日本警视厅总监的有关报告中可以得知。1920年6月,施存统到日本,经过戴季陶、李汉俊的介绍,认识了日本社会主义者堺利彦、高津正道和宫崎滔天等。1921年4月,李汉俊也到日本,与施存统一道,与日本社会主义者一起,拟发行秘密出版物,并且协商出传递出版物的办法。他的行踪不明,日本警视厅派人对他"给予严密监视,并继续进行暗中侦察"[①]。

## 确立救国的道路

1918年岁末的一天,李汉俊乘船回国,当褐色的海岸线出现在他眼前时,埋藏在心底很久的感情一下子迸发出来:"祖国!中国!故乡!"他扶了扶眼镜架,与同伴们情不自禁欢呼起来。

李汉俊回到上海后,初住在法租界霞飞路(今淮海中路)湖北善后公会对面的渔阳里(今淮海中路567弄)内。在那里他与同邑友人詹大悲为邻居。这位老乡比李汉俊长5岁,有着非凡的经历。詹大悲原名培翰,又名翰,字质存,1887年8月3日出生于湖北蕲春。1907年投考湖北黄州府中学堂时,就受到革命思想的影响,与宛思演、梅宝玑等组织证人学会,在同学中传播革命思想。1908年到汉口办报。1910年12月,任《大江白话报》主笔,后将报名改为《大江报》。与此同时,他参加革命团体文学社,担任文书部长。1911年7月26日,他在《大江报》上刊登署名文章

---

① 《日本警视厅总监致外务省亚洲局局长》,1921年4月23日,日本外秘乙第523号,日本外务省外交史料馆藏。

《大乱者救中国之妙药》，为此被清政府逮捕，在法庭上据理力争。《大江报》案使他名声大噪，一时成为全国新闻人物。

辛亥武昌首义，詹大悲被迎出狱，立即在汉口成立军政分府。汉口失守后，东走九江、上海从事革命活动。1914年在日本成为孙中山新成立的中华革命党的第一批成员。1915年回国，准备回湖北策动反对袁世凯的武装起义，不幸在上海被捕。袁世凯死后，才获释。之后到广州参加护法。护法运动屡屡受挫，他来到上海，重新思考革命的道路究竟应该如何走。正当这时他结识了李汉俊。他与这位新识的小同乡一见如故，俩人合作翻译了日本佐野学作的《劳动者运动之指导原理》，在上海《民国日报》副刊《觉悟》上发表。

1919年初春，董必武、张国恩[①]从鄂西到上海，客居湖北善后公会。詹大悲与他们是多年并肩战友，特别是与董必武为莫逆之交。他们早在辛亥武昌首义时，就结识于江汉。起义爆发后，董必武激动万分地从偏远的家乡赶到省城，投身革命，参加了汉口保卫战。这时他与詹大悲认识，从此他们并肩战斗。詹大悲立即将新识的朋友介绍给董、张。李汉俊很快成为他们的思想中心，尤其对董必武来讲至关重要，他的思想受到这位比自己小4岁的年轻人影响，改变了他的人生之路。

董必武，名贤琮，15岁时改名用威，号璧伍，"必武"是他成为马克思主义者后，以号代名时，用号的谐音。他于1886年3月出生在湖北黄安（今红安），与李汉俊一样，他生活在一个清贫的教书先生的家庭里，所不同的是，他受到传统儒学的教育要比李汉俊深得多。17岁时就中考，

---

[①] 张国恩（1880—1940），字眉宣、梅先、梅轩。湖北黄安人。早年参加革命团体日知会、共进会。1911年参加了辛亥武昌首义，1914年与董必武东渡日本，加入中华革命党。1920年8月成为武汉共产党早期组织成员，曾任国民党湖北省政府党部执行委员、国民党湖北省政府常委兼民政厅厅长等职。1940年在南京去世。

但风雨如磐的社会没有使他沿着求"功名、做官"的仕途走下去，而走上了"造反"的道路。辛亥革命武昌首义爆发时，他毅然割掉了辫子，参加了革命，成为孙中山的忠实信徒。民国初，他为了民主共和，二次入狱，二次亡命日本。1918年到鄂西，担任鄂西靖国军秘书，投入反对北洋军阀的护法斗争。次年春，为鄂西靖国军总司令蔡济民遇害，到上海向孙中山求援，请他主持公道，伸张正义。然而"孑然无助"的孙中山除了表示同情外，也是无能为力。

从辛亥革命到二次革命，从秘密反袁军事行动到公开的护法运动，一次次的流血拼搏，一次次的惨痛失败，使董必武陷入深深的迷惘和困惑之中。他开始认识到旧路——孙中山的依靠军阀打军阀是绝路，革命要从头来。新路在何方？

李汉俊成了他的指路人。他们这四个湖北人几乎天天见面，热烈讨论匡时济世之良策。李汉俊向他们介绍了十月革命和苏俄的情况，将一些马克思主义的书籍和日本进步杂志《黎明》《改造》《新潮》等推荐给同乡。董必武等虽然一时看不甚懂，但他们抱着浓厚的兴趣认真地阅读。他们的生活是清贫的，詹大悲将自己的衣服和蚊帐也拿出去典当，与董必武共穿一件长衫，但他们的精神生活却是非常富裕的。他们废寝忘食地学习，一心一意地读书，领略其中精义。

他们在一起经历了五四运动的洗礼，看到人民群众极大的革命力量，备受鼓舞。革命之路如何走？他们经常商量这件有关国家命运的大事。董必武与张国恩初步的想法是回到武汉办一份为人民说话的报纸，拟定报名为《江汉日报》。1919年8月，董拿着孙中山先生给的100元川资回到家乡，用其中的40元印刷了股票、章程、宣言等，积极筹募基金。后因筹款困难，这一计划无法实现。他和张国恩又准备从改造湖北教育会和办学校入手，以达到改造整个社会的目的。但是严酷的现实，使他们的报国愿望屡受挫折。忧思国危的情感和一时找不到改变环境办法的焦虑使他陷入极大的苦闷之中，于是他写信给李汉俊，述说这种心情。

10月6日，李汉俊写了一封长1.5万余字的回函，阐述了他对改造社会的意见。这封长信后来标上《改造要全部改造》的标题，发表在《建设》月刊第1卷第6号（1920年1月）上，杂志社加了编者按："这篇本来是李君答朋友的一封信，因为这个问题是现在一个很重要的问题，所以李君答应本社拿来发表……我们希望社会上对于这个问题，加多一点注意，来研究解答他。"对于社会改造根本之途，由于信有很强的针对性，所以李汉俊主要是从精神层面来剖析。

首先试图通过总结人类社会发展的历史，寻找造成黑暗社会的病根。李汉俊认为人的本性、自然性原本是透明的、虚无的，所谓善与恶都是不合理的环境造成的，从而使人类社会生出许多"强者"（统治者）、"圣人"。他们制造出制度、道德、法律，设下束缚人思想的种种圈套，破坏人的本性、自然性，禁锢人们的思想，生出了许多罪恶。他说中国社会长期停滞不前的原因，就是因为思想没有解放，不敢怀疑，冲破统治者设下的圈套。而欧洲宗教革命、日本明治维新之所以推动欧洲、日本社会产生巨大的进步，就是因为敢于怀疑传统思想，敢于突破思想上的种种圈套，因此中国必须开展一场思想启蒙运动，冲破"如铁似茧重重包围的环境"，社会才能"进化"。

其次论述了制度、道德和法律的关系。李汉俊用架子、架子内的网和网上糊的壁（墙）来比喻这三者之间的关系。这三者都是统治者用来束缚人思想的圈套，制度好比是用几根木柱甚或铁柱结构起来的一个架子，道德是维护制度的，好比是用竹片甚或铁棍在那个柱子的架子上面做成的网子。法律是补充道德之不足，好比是在那网子上，用纸糊成的壁，或者用泥甚或用三合土泥成的墙。这三者之间，道德是支配一切的，所以千百年来，统治者不断加固这个架子，最后使这个架子变成"无点空隙的死牢"。中国要进化，就必须冲出这个死牢。

再次赋予老子学说以时代的含义。中国传统的道德观是儒家的道德观，他猛烈攻击孔学，指出现在北京政府非常崇拜、信仰、遵奉孔丘的学说，北洋政府的大小官员无一个不是孔丘的孙弟子，是活孔丘；中国要进化，就必须铲除旧道德，树立新道德。与孔丘的旧道德相对立的是老子学说。他心目中的老子学说，已经有了新的内容。老子的无为是与孔丘的有为相对抗的，孔丘的有为是叫人做官，灭绝人的本性、自然性，而老子的无为并不是叫人不做事，而是主张人去大奋斗、大拼命、大为的。中国人应该发扬这种无为的精神。

最后批评了各种错误的救国之途，指出改造中国的根本之途。五四运动以后，在广大知识分子中围绕着革命还是改良的问题，对社会改造的道路展开了激烈的辩论，其中调和主义和教育救国论有相当的市场。李汉俊重点批判了这两种错误的观点。对于调和主义，他指出调和本是英国政治家用的一个词，调和是用在性质相同，不过质量有点轻重，颜色有点浓淡的东西里面的。中国与英国的历史背景、价值观、社会性质均不同，而中国的调和者则看不到这些，用英国进化的办法解决中国的社会问题，是行不通的。辛亥革命、二次革命的失败，说明中国不能实行调和主义，只能革命。教育与社会是局部与全局的关系。湖北教育之所以糟，是因为整个社会糟，"我们湖北不只教育会糟，因为湖北全部糟，才能容教育会糟；我们中国不只湖北糟，因为中国全部糟，才能容湖北糟。我们现在要救中国，只有大破坏、大创造、大破坏！！！大建设！！！"

通过李汉俊这个中介，董必武的思想发生了质的飞跃，开始树立起对马克思主义的信仰。他后来曾回忆："当时社会上有无政府主义、社会主义、日本的合作主义等，各种主义在头脑中打仗，李汉俊来了，把头绪理出来了，说要搞俄国的马克思主义。"①从此，他与资产阶级民主思想诀别，成为"遵从马列无不胜，深信前途会伐柯"的共产主义战士。

在1919—1920年的中国思想界，李汉俊代表了最先进的立场。他不仅在友人中宣传马克思主义，而且积极地在报刊上传播科学社会主义。五四运动后，他的第一件最有价值的事就是参加了《星期评论》编辑部的工作。

《星期评论》是戴季陶、沈玄庐、孙棣三于1919年6月8日在上海创办的。它是我国五四运动的直接产物，是产生了巨大影响的一家革命刊物。这在它的宗旨中说得十分清楚："就是在发挥五四、六五两大运动的精神，来创造五四、六五两大运动而起的人类运动。"它以"天下为己任"的主人翁的态度，公开宣称世界是我们的世界，国家是我们的国家，对于"人的究竟、国家的究竟、社会的究竟"都要进行"彻底的思索"。将自己"切实的主张"发表出来，"以供天下人研究，求天下人批评"。

李汉俊是这个刊物的核心人物之一。他何时参加星期评论社的工作，目前难以考察出准确的时间。1919年8月17日，他就以"先进"的笔名开始在该刊第11号上发表文章，从文章的语气和文章的数量上（例如第11号上他就发表了两篇文章），可以断定他不迟于8月17日成为该刊编辑。大致在这个时间，《星期评论》开始宣传马克思主义，标志是第10号（8月10日）上发表恩格斯起草的《爱尔福特宣言》和第11号（8月17日）上发表李汉俊的《怎么样进化？》（宣传了马克思主义的唯物史观）。这绝非偶然。1920年2月，星期评论社的总发行及编辑所从爱多亚路新民里5号搬到法租界白尔路（今西门路）三益里17号李汉俊的寓所。从此，他

---

① 中国社会科学院现代史研究室等编：《董必武谈中国共产党第一次全国代表大会和湖北共产主义小组》，《"一大"前后》（二），人民出版社1980年版，第369—370页。

就成为该社的"思想领导中心"①。

《星期评论》在五四时期的影响是巨大的。问世后,立即在社会上激起强烈的震动,引起了思想舆论界的密切注视。上海《民国日报》《申报》均刊登了出版消息。《新青年》第7卷第2号(1920年1月1日)上,称颂它是"最有力的周刊"。《新教育》第5期(1919年11月)称赞它与《每周评论》是我国"舆论界中最亮的两颗明星"。

它受到了广大进步青年的热烈欢迎,销数从最初的1000份,逐月增加,一度销售十几万份。许多进步团体将《星期评论》列为向广大青年推荐的主要杂志之一。武昌利群书社,北京、天津中华书局,杭州教育潮社,长沙体育周刊社等均为之推销。浙江第一师范共有师生400余人,订阅《星期评论》便有400余份,几乎人手一本。许多读者纷纷投书报刊,盛赞《星期评论》是我国宣传进步思想最有力量的刊物之一,其中一部分人曾受到它的影响而走上了革命的道路。李立三后来曾指出:在五四时期反抗帝国主义、反抗封建势力的刊物中间,"最占势力的是新青年社和星期评论社"②。1946年夏,周恩来同美国记者李勃曼谈自己的经历(见《瞭望》周刊,1984年第2期)时,指出《星期评论》《新青年》和《每周评论》都是进步刊物,"对我的思想都有许多影响"。此外恽代英、俞秀松、施存统、杨之华等人的文章、回忆录、书信都忠实记录着《星期评论》在他们思想演变中所起到的推动作用。

在星期评论社周围团结了一批具有初步共产主义思想的知识分子。1920年3月,施存统与一个浙江青年从北京抵达上海,经李大钊介绍,参加了星期评论社的工作。这位青年原名俞寿松(1899—1938),字柏青,

---

① 中国社会科学院现代史研究室等编:《杨之华的回忆》(1956年9月),《"一大"前后》(二),人民出版社1980年版,第25页。
② 李立三:《党史报告》,《中共党史报告选编》,中共中央党校出版社1982年版,第209页。

后名秀松。他早年入浙江省立第一师范学校，参加了五四运动。他在星期评论社工作期间，受到革命思想的熏陶，很快成为一个马克思主义者。当上海社会主义青年团成立时，他担任第一任书记。施存统也是从这里出发到日本，并在那里建立起旅日共产党早期组织。

星期评论社还是中国具有初步共产主义思想的知识分子与外国社会主义者和同情中国革命的友好人士的联络点。五四运动后的第一个秋天，宫崎龙介（1892—1971）来到上海。他是宫崎寅藏的儿子，宫崎寅藏是孙中山先生的日本密友，长期支持中国革命。宫崎龙介受到社会主义思潮的影响，成为日本社会主义者。他是李汉俊、戴季陶的日本知音，到中国后，立即到星期评论社，与李汉俊等取得了联系。

9月22日，李汉俊陪他到莫利爱路29号（今香山路7号），造访孙中山先生。孙中山先生很高兴地接待来访者，在客厅里与他们交谈。李汉俊问孙中山先生："先生，中国革命会成功吗？"孙中山皱着眉，摇摇头说："希望都破灭了，当务之急是唤醒民众。以前的方针政策从总体上讲是错误的。南方派的人物如今都开始了反省和思考，反省才有进步。幼稚的日本政治家们如果多反省一点，东亚问题就不会那么多纠缠不清了吧？"

随后宫崎谈到南北和议的问题，他问北京政府派北方议和总代表王揖唐到上海来的目的。孙中山先生说："昨日，他来过，说是要恢复旧国会和扩充国会的权限，真是好笑。"说毕情不自禁地大笑起来。

他们笑这位所谓的议和总代表还有一个小插曲。王来上海时，带了300个随从和300万元的活动经费。上海各界却不欢迎他的到来，女学生团体发表了要杀死王代表的激烈言论，吓得他的随从们胆战心惊，四处躲藏，最后竟丢下议和代表逃回北京。300万元对王揖唐的尴尬处境也丝毫没有什么帮助，他到孙中山先生寓所拜访时，被门卫"宰"了十几元钱的事，着实让孙中山先生的僚友们大笑了一番。

过了几天，宫崎到李汉俊家，与上海学生团体和全国学生联合会的代表见面，詹大悲也赶来。他们一起"肆无忌惮、高谈阔论地议论通向未来理想的中国社会的道路"，谈话持续了三个多小时，大家的看法基本一致。李汉俊对中国最近的局势很不满，主张如果不从根本上解决国家问题，"是无论如何也是行不通的"。宫崎先生回国后，将在中国的见闻写成《寄自新装的民国》，发表在日本《解放》杂志第1卷第7号（1919年12月）上，留下了这段十分珍贵的史料。他一生致力于日中友好，新中国成立后，多次访华。

李汉俊与戴季陶等在星期评论社还接待过其他日本朋友和朝鲜早期共产主义者。1920年4月，共产国际代表维经斯基一行到上海后，首先与新青年社和星期评论社取得联系，商谈在中国建立无产阶级政党的问题。

《星期评论》在李汉俊与戴季陶、沈玄庐的共同努力下，在宣传马克思主义方面，无论在数量上，还是在质量上，都毫不逊色于《新青年》。1920年6月6日，在上海租界工部局和军阀政府的迫害下，被迫停刊。他们在此期间还共同参加了上海共产党早期组织的创建工作，然而他们的政治归宿却迥然不同。戴季陶刚参加上海共产党早期组织的筹备工作，就立即退出。在第一次国共合作时，他创立了"戴季陶主义"，疯狂反对中国共产党和国共合作，成为蒋介石的"理论家"。

戴季陶现象值得历史工作者去研究，为什么一个在五四时期，以饱满的政治激情宣传马克思主义、俄国革命，在我国第一个提倡建立无产阶级新文化，并将自己的寓所渔阳里6号提供给中国共产党，成为上海社会主义青年团机关（上海外国语学社）所在地的人，五六年后，就"系统"地反对起马克思主义，变成被国民党称赞为"反共最早、决心最大、办法最彻底"的人物？1949年2月12日，在新中国成立前夕，戴季陶终于对中国国民党和他的把兄弟蒋介石彻底绝望了，走上了自杀的道路。

在参加共产党的问题上，沈玄庐比戴季陶要坚决一点，他是中国共产党最早的成员之一，也是党内最早从事农民运动的党员。1925年5月，因反对国共合作，反对无产阶级革命，被中国共产党开除党籍，随后成为国民党西山会议派的成员。大革命失败后，在浙江参加杀害共产党员和国民党左派的"清党"活动。1928年8月28日，被国民党系统的人刺杀身亡。

李汉俊和李大钊等形成了中国最先进的社会角色群体，在五四时期，通过革命的实践，确立了马克思主义的信仰，以他们的勇敢、热情和智慧，在中国古老的大地上，宣传新文明，让来自莱茵河—泰晤士河畔的马克思主义鲜花，在产生过灿烂华夏文明的古国吐芳飘香。

李汉俊处在"荆天棘地之间"① 寻求救国道路，深知前景险恶，但毫不畏惧，勇敢地踏上了艰难而又坎坷的征途。

---

① 李人杰：《改造要全部改造》，《建设》第1卷第6号，1920年1月1日。

第二章
CHAPTER TWO

# 马克思主义的播火者

## 宣传唯物史观

先进的中国人从庞杂的西方文化中选择了马克思主义不是偶然的，这固然因为马克思主义是放之四海而皆准的科学理论，然而最根本的原因还是中国拯救民族危难的客观要求。1840年西方列强用先进的武器和黑色的毒品摧毁了中国的封建大门，迫使中国由天朝上国沦为半殖民地、半封建的社会。救亡图存、振兴中华成了时代的最强音。

要救国就必须有民族主体意识的苏醒，时代呼唤思想启蒙。最初先进的中国知识分子几乎是饥不择食地吞食西方汹涌而至的各种"精神食粮"。天赋人权、社会进化论、卢梭的民约论、皮浪和康德的怀疑论、尼采的超人说等西方资产阶级的学说，无不如飓风掠过中国这片古老而苍凉的大地，然而民族危难非但没有克服，反而日益深重。

第一次世界大战使欧洲中心文化论在先进的中国人心中破产，有一些人又回归传统，揭起"东方文化救世论"的大旗，然而"儒学复兴""东方文明"也无法使中国摆脱危机。十月革命一声炮响，俄国新文明如曙光照耀大地。中国先进知识分子开始将目光转向北方。此时空想社会主义曾吸引过他们，经过短暂的实验，随着新村、互助工读运动的失败，李大钊、陈独秀、李汉俊等先进知识分子经过反复推求比较，终于认定只有马克思主义才能救中国。李汉俊热情欢呼马克思学说实在是现在理论的最高成就，对后进的中国"实在是最美满的天赐品"[①]。于是在他们的推动下，马克思主义成为新文化运动的主流。

---

① 李汉俊：《研究马克思学说的必要及我们现在入手的方法》，上海《民国日报》副刊《觉悟》，1922年6月6日。

这种从"西化"到"师俄"的范式转换，是救亡运动的必然结果，保持着中国文化走向现代化过程中的认同和价值选择。马克思主义在与中国革命实践和本土文化相结合过程中，产生了具有强大生命力的崭新理论形态。

这种崭新文化是以科学的世界观和方法论为理论基础的，包括李汉俊在内的中国最早的马克思主义者，虽然还没有清晰地认识到马克思主义哲学是辩证唯物主义和历史唯物主义的统一，但他们已知道唯物史观在马克思主义中的重要地位，所以他们将唯物史观作为马克思主义的首要理论加以传播。

第一，唯物史观的真谛。李汉俊指出唯物史观是马克思主义的基础，"不能了解他底唯物史观就不能了解他底主义；误解了他底唯物史观，就要误解他底主义"①。那么什么是唯物史观呢？他在将唯物史观与哲学各种流派进行批评中得出正确答案。

在对待思维与存在、精神与自然这一基本问题上，哲学界自古以来就分成两个阵营，中间夹着折中派（物心并行）。马克思主义是承认物质为第一性的，但它不是"物质唯一主义"，也不是折中派。它与旧唯物论的区别在于：首先唯物史观主张物质支配精神，但并不否认精神的作用。其次它没有将社会的发展看成是一种机械运动，而是一种不停顿的物质运动。再次旧唯物论在对待"人类底进化及其制度的进化"时，认为是"思想发达固有的法则"发生作用的结果，而唯物史观认为是"社会底物质的条件发达的结果"，"经济的条件是历史一切进化底根本动力"，劳动者是创造历史和社会财富的主体。最后它将黑格尔的辩证法的思索法和费尔巴哈的唯物论的观察法"巧妙地结合"来观察历史和社会，所以唯物史观也叫作

---

① 本节第一、第二、第三小节引号内的话，除注明出处外，均引自李汉俊著《唯物史观不是什么？》，上海《民国日报》副刊《觉悟》，1922年1月23、31日。

"辩证法的唯物论"①。

李汉俊强调马克思的唯物史观虽然吸收了黑格尔的辩证法和费尔巴哈的唯物论，但它与黑格尔的哲学有本质上的差别。他引用了恩格斯的《社会主义从空想到科学的发展》有关的一段话，指出黑格尔的极大功绩就在于，第一次把整个自然的、历史的和精神的世界描写成一个不断运动的过程。黑格尔提出了问题，但却无法解决问题。因为在他的思想里，"不是把现实的事物及过程或多或少地抽象了出来的画图，反是事物与其进化只是现实了理性（Idea）的画图。"他建立的"绝对真理"（后译成"绝对观念"）将物质与精神"完全弄颠倒了"，这是他哲学上的一个"巨大的失败"。马克思则将黑格尔的唯心部分加以扬弃，"采取彼底辩证法的一种更进步的科学"，创立了科学革命的辩证法，所以说唯物史观就是黑格尔的哲学是"绝对的错误"。

针对有人错解辩证法是诡辩，马克思主义唯物史观是诡辩的唯物论的认识，李汉俊批评了这种"错解"，指出辩证唯物论与形而上学是对立的。形而上学将一切事物不做"活的观察"，而做"死的观察"；事物从根本上讲是静止的，没有变化的。他承认形而上学在一定范围内，"是必要的方法"，但若一旦超出了所限的范围，就成为"偏见""空想"，陷入不解的矛盾中，结果是"只见树而不见林了"。他用近代科学的最新成果，特别是达尔文的进化论，证明形而上学的荒谬，指出事物内部的运动是不停顿的，其两端是"相反"，"又是不能相离的"。一切事物的运动决不会永久地循环，而是不断地做历史的进化。所以辩证法是"合理的思索法"，而

---

① "马克思主义哲学是马克思批判地吸收黑格尔辩证法中的'合理的内核'和费尔巴哈唯物主义的'基本内核'"的表述是在斯大林时代确立的，李汉俊采用了"辩证法的思索法"和"唯物论的观察法的巧妙地结合"的表述。在论述中，他引用了恩格斯的《社会主义从空想到科学的发展》（他译为《空想到科学的社会主义》）中的一段话："这新德意志哲学（即以辩证法的思索法为精神的哲学）到了赫格尔哲学，就达到了极顶。"而《马克思恩格斯选集》（人民出版社1972年版）第3卷第420页的译文没有括号内的一段话，原文是"这种近代德国哲学在黑格尔的体系中达到了顶峰"。

不是什么诡辩。

为了进一步宣传唯物史观,他翻译了马克思《〈政治经济学批判〉序言》中的主要内容。《政治经济学批判》是马克思于1857—1858年撰写的一部重要著作,序言对唯物主义基本原理做了经典性的表述。李汉俊以此做阐述唯物史观的理论依据,就轻而易举地抓住了历史唯物主义的本质。主要是:首先马克思将辩证唯物论运用于人类历史的考察,就成为唯物史观。唯物史观"是关于过去的理论,是研究过去社会组织变化的原因和经过的",所以也可以叫作社会进化论①。其次世界是由物质构成的,物质是第一性的。在历史发展中,经济的条件是历史发展的根本动力。再次在社会生活中,人们产生了不以人的意志为转移的生产关系。"生产及其的生产物底分配,是一切社会制度基础"。经济基础是包括意识形态,以及法律、政治等在内的上层建筑的基础。"不是人类底意识决定其存在,反是他们社会的存在决定其意识。"再次生产力与生产关系、经济基础与上层建筑构成了社会基本矛盾,生产关系阻碍了生产力的发展,成为生产力的"镣铐"(后译为桎梏)时,社会革命时代就到来了。最后上层建筑绝不是消极的,尤其是思想支配人的行动。特别是被压迫阶级要经济的变革,就必然产生新的主义和思想。"因此新思想是经济变革底反照,而这经济的变革又是社会全体进步底表现的缘故。所以新思想是人类进步的重要因素,又是物质的生产力底变化所依以传到社会组织唯一媒介"。正因为如此,他十分重视马克思主义的传播。

对唯物史观本质的阐述,李大钊、陈独秀、李达、杨匏安,以及陈溥贤等均在有关著述中做了相同的表述,李汉俊与他们不同之处,在传播唯物史观的同时,传播了辩证唯物主义,初步将马克思主义的哲学较全面地介绍给了中国人民。

---

① 李汉俊:《研究马克思学说的必要及我们现在入手的方法》,上海《民国日报》副刊《觉悟》,1922年6月6日。

应该指出他对马克思主义的理解还是很肤浅的,他为了强调马克思主义哲学与旧唯物主义的区别,认为马克思主义的哲学不是哲学。那么崭新的世界观和方法论是什么呢?为了解决这个问题,他就将辩证唯物主义统称为唯物史观。所以他写道马克思学说不是抽象的哲学,"乃是具体的科学",也可以叫作"辩证法的唯物论"。他看到了历史唯物主义与辩证唯物主义的紧密联系,却没有看到它们之间的区别,在他那里这二者是合二而一的。这个理论上的不足,到20世纪20年代末30年代初,才被中国马克思主义者加以克服。

第二,对社会发展的本质认识。在五四时期,社会改造成了最紧迫的呼声,在众多的改革方案中,必然涉及对这个问题的认识。换句话说,就是以什么样的历史观看待历史和现实世界。

在马克思主义没有传播中国之前,近代历史观是唯心主义的。那时先进的中国人,虽然有日益高涨的民主主义热忱和献身精神,但他们始终摆脱不了英雄史观的桎梏。

随着马克思主义传播,他们的历史观发生根本性变革,并开始宣传唯物史观。李汉俊在这方面的成就格外引人注目。他十分重视历史研究,但反对进行纯学术研究,按照他的话来讲就是反对"死史的研究",提倡"生史的研究"①。所谓"生史的研究"就是通过对历史的整体的把握进行历史事件、现象的考察,揭示历史事件发生的原因、必然的结果,以探询历史发展的"必然趋向"②。

早在1919年8月,李汉俊登上论坛的处女作《怎么样进化?》(上海《星期评论》第11号,1919年8月31日)就十分清晰地通过阐述人类社会的发展史,揭示了社会发展的原因和动力。他指出物质生产劳动是社会存在和发展的基础,劳动具有决定性的作用。人与其他动物不同处就在于

---

① 先进:《大家要注意研究历史地理》,上海《民国日报》副刊《觉悟》,1920年3月29日。
② 先进:《批评历史的态度应该怎样》,上海《民国日报》副刊《觉悟》,1920年9月10日。

有意识进行创造性的实践活动,劳动产生了人本身。正如"马克斯说,人类能够制造器具,这就是人类进化的最大要素,这就是人类和禽兽渐渐脱离的起点"。社会生产力和生产关系、经济基础和上层建筑构成了社会的基本矛盾,是推动整个社会前进的根本动力。其中物质资料的生产方法(后译为生产方式)是社会发展的决定力量。在生产方法中,生产力是最活跃的东西。生产关系必须适应生产力的发展,如果生产关系"束缚"了生产力的发展,旧社会组织就会迟早"崩坏",新的社会组织就会必然产生。

李汉俊尤其强调对世界近代史的研究,这充分体现了他研究历史的目的。在他的眼中,资本主义是当代世界和中国的主要祸源,通过对后封建社会的研究,以确定中国革命的主要对象,为制定革命战略提供客观依据。他指出人口的增加,对人类发展有很大影响,但"还不成为唯一人祸的原因";欧洲"工业革命"和"海上交通的发达"是科学进步的结果,没有给劳动者带来贫困,而给人类带来了"享乐"。资本主义剥削制度才是"近代的文明和罪恶发达的根源",它独占了生产资料,垄断了市场,剥夺劳动者的言论自由和政治上的地位,也是造成弱小民族殖民化的根本原因。

资本主义虽然使生产工具有了极大的发展,生产力有了高速度的进步,但它终究要被社会主义所代替。这是由它自身不可克服的社会基本矛盾所决定的,主要有两点:其一它自身不可克服的矛盾,造成周期性的"大恐慌"(即经济危机),将它置于死地;其二它是依靠剥削工人阶级的剩余价值而发财致富的,同时也造成了自己的掘墓人。工人阶级是"正在以心力或体力的劳动供献社会的无产者"[1],他们是社会财富的创造者和社会前进的主要动力,资产阶级无情地剥夺了他们的生存权和劳动权,他们就完全有理由要求归还这些权利,当社会的主人。

---

[1] 李人杰:《优待学生与优待劳动者的意义及可否》,上海《民国日报》副刊《觉悟》,1920年3月18日。

在揭露资本主义时，他在《中国底乱源及其归宿》(《社会主义讨论集》，新青年社1922年6月出版)中联系了中国实际。他是把中国置于资本主义的总框架中来分析的。他看到了中国的资本主义与欧美资本主义的区别，例如中国资本主义还很不发达，与世界落后了三四百年，但世界已经成为一个有机体（尤其是交通发达的近代），人类的进化是"决（定）中国这个社会底运命的要素"。中国是世界的一个局部，必然"追随世界进化"而"发生资本主义"。然而中国特殊的国情，造成它不必沿着欧美资本主义的老路走。在欧洲，进化和蝉蜕是"按部就班，循次而进"的，但中国却不同，由于"急速进化"，一切事件、思想变化之快之激烈是欧美所没有的，第一个刚蝉蜕，还没有结果，第二个又发生了，"风涌云起，如走马灯一班（般）"。这正是中国赶上世界步伐，结束"混乱"的希望所在。中国发生在资本主义总"崩坏"的时代，要赶上世界，完全不必经过资本主义阶段，可以直接"进化"到社会主义。

第三，发动社会革命，进行彻底的改造。五四时期，围绕着社会改造，社会上出现了形形色色的方案，其中改良主义占有很大的市场。中国是一个小资产阶级思想泛滥的国家，改良主义在无产阶级与资产阶级做斗争时，起到了软化剂的消极作用。李汉俊高举起批判的大旗，清除这些软化剂。

1920年春，日本出版了一本名叫《三益主义》的书。这是一本阶级调和的"杰作"，内称如果社会都照书中所宣扬的主义行事的话，那么资产阶级和劳动阶级均可得到利益，"可以免除阶级的战争，作为阶级的互助"。李汉俊立即在《星期评论》第41号（1920年3月14日）上发表短评《三益主义》，写道：这真是要人笑弯了腰，"互助上面可以加上阶级两个字，天下有这样好的互助方法，恐怕太阳要从西方出来呢？"

调和主义一度盛行，李汉俊揭露了它的阶级实质，提醒劳动阶级应该清醒地认识到，无产阶级与资产阶级这两个阶级是对立阶级，阶级冲突是不可避免的，劳动者只有对资产阶级进行坚决的阶级斗争才有出路。

教育救国论在知识分子中颇有市场，他在《我的"考试毕业"观》（《星期评论》第44号，1920年4月4日）分析了教育的本质，指出教育在经济结构里没有地位，属于上层建筑。在阶级社会里，它是阶级斗争的工具，成为"私有品的制造所"。因此要解决教育问题，只有从根本上解决社会政治制度问题后，才能将"有产阶级私有底学校变为社会公有底学校"，打破为培养掠夺阶级服务的走狗，"改为教人发展本能底学校"。针对董必武、张国恩希望通过在湖北办教育，对局部的改良以达到社会改造的观点，他在致董必武的信中，善意地批评这种局部的改良"是无结果的"，"要改良局部，就非破坏全部又改造全部不可"。

在阶级社会里，国家政权是政治结构的核心，资产阶级不仅握着经济的支配权，而且握着政治的支配权。因此无产阶级要获得解放，就必须进行直接行动。换句话说就是进行阶级斗争，夺取政权。李汉俊十分重视阶级斗争理论，指出马克思主义分有唯物史观、经济学说和社会民主主义，而阶级斗争学说犹如一条金线将这三大部分从根本上缝起来，使"其为一个完整的大组成的部分"①。阶级斗争的手段有许多种，最有效的手段是像俄国革命那样，用暴力彻底推翻旧的国家机器，建立劳农专政的新国家。

第四，将伦理放在社会改造的正确坐标上②。伦理在中国社会生活中占有特殊的地位和意义。它原本是一定社会调整人们之间以及个人和社会之间关系的行为原则和规范，而在我国农业文明的宗法社会里，却将完善的人格品质与"治国平天下"联系在一起，使伦理政治一体化，因此中国封建社会也叫伦理政治型社会。

在狂飙突进的新文化运动中，先进的知识分子以西方价值体系为参

---

① 李汉俊：《研究马克思学说的必要及我们现在入手的方法》，上海《民国日报》副刊《觉悟》，1922年6月6日。
② 本小节引号内的话除表明出处外，均见《道德底经济基础》，《建设》第2卷第4、5号，1920年4、5月。

照,彻底批判了传统儒学,但却处在奇巧的逻辑"悖论"之中,即潜意识中认同儒学的某些精神价值,其中在改造社会的手段方面,继承、改造了"心性之功能说"。他们十分看重伦理的作用,标举起"人心革命"的旗帜。这是在新文化运动中中西合璧的榜样。在西方思潮中,克鲁泡特金的互助论在中国先进的知识分子中备受青睐。互助论的意识架构的内核是伦理主义,即以对资本主义"恶"的批判,憧憬着一种"善"的无政府共产主义社会取而代之。先进知识分子正是在这一点上找到了西方价值取向和传统价值取向的契合点。这样如何认识伦理在改造社会中的功能,就成了先进知识分子必须正视的问题。李汉俊以唯物史观为思想武器,对伦理做了有意义的研讨,掀开了科学伦理学崭新的一页。

首先伦理作为意识形态的一种,来源于物质生活的生产方式[①]。如前所述,伦理属于上层建筑,说到底"只是经济条件底附属",是一定生产方式的产物。有什么样的社会形态,就必然产生与之相适应的社会道德。伦理也是一个历史范畴,所谓善恶观、苦乐观、人生观等必然随着物质条件的变化而变化。"一个时代底道德是由那个时代经济状态发生的,所以一个经济组织破灭了,由那个经济组织上发生的道德组织,也就一定要破灭的。"

李汉俊在《改造要全部改造》中对此做了较集中的论述。人的本性、自然性原本是透明的、虚无的,善和恶都是"不合理的环境造出来的",道德是"以个人底自爱心为根基"的。在原始社会里,由于生产资料公有,自爱心就是建立在"平等自由"观念之上,所谓利己是能够防止有害于他

---

[①] 研究主义、思想、思潮如同研究历史事件一样,必须将研究对象放在特定的历史环境中进行考察。李汉俊所处的时代,是呼唤革命的时代。他的伦理探索不是纯学术研究,而带有很强的政治性。他和同时代的具有初步共产主义思想的知识分子一样,其一切探索完全围绕着如何振兴中华而展开。尽管他们的探索在当代人看来,还十分幼稚,有许多方面也并非科学,但他们为救国的献身精神永垂青史,他们探索的基本理论至今还确定我们前进的方向。经过几十年的风风雨雨,人们对伦理的本质认识已经有了很大的进步,然而分歧依然存在。对伦理定义的研究不是本节的任务,这里记录的仅是李汉俊在1919—1921年关于伦理的论述。

人的行为，人人均为善，成为"自由道德"。到了私有制社会，社会就分成了治者和被治者，治者为了维护经济上的利益，就调动经济、政治和文化上的一切手段。他们勒杀了人的本性、自然性，阻碍人的自然发展，将自爱心扭曲，成为"强制道德"。

在中国自汉以来，都是孔丘的一家之言，"独霸天下"。这种以"仁"为最高人格理想，以"礼"为手段的孔学，正是以小农业经济为基础的产物，是为维护封建社会的经世学。它使中国人只晓得祖宗，不晓得自己；只晓得墨守成规，信天安命，不敢怀疑，不敢创新。有了这种"敬的道德"，让人只晓得受奴役，不敢革命。现在的北京政府非常遵奉孔学，他们将祖宗遗留下来的这个圈套，再加上铁柱、铁棍、三合土，使之更坚固，成为奴役人民的精神"死牢"。"我们中国国民的脑力并不比欧洲人、日本人低"，中国的古文明也比他们高，为什么现在落伍了呢？从上层建筑方面找原因，就是因为"死守孔丘的圈套"。

在资本主义社会，由于采取了自由经济，所以表面上看，它将人从奴隶的地位解放出来（或从土地的束缚中解放出来），成为自由人。道德也成了"假冒社会底福祉或共同底利益等夸大的名称"。这种炫耀的名称不过是资产阶级装饰残酷压榨劳动人民的"外衣"。总之，伦理是经济制度的产物，并服务于经济的发展。

其次伦理的社会功能。这是指伦理对经济基础的反作用。在原始社会伦理道德也有强制性，这是生产力十分低下所致。强制的观念是对自然，是为了全体人的利益。在阶级社会，统治阶级为了维护私有经济，除了运用物质的手段外，还强化精神"感化"的力量。这是一个"巧妙的方法"。

伦理的作用是精神方面的，与宗教都是剥削阶级奴役劳动者的工具，但与宗教所起的作用不一样。宗教是关于人与神之间的关系，剥削阶级通过"以祈祷供献求神佑"来麻痹劳动人民。伦理是关于人与人之间的关系，剥削阶级利用它向被掠夺者"注入服从者底精神里面的从顺之德"，规范他们的行为以适合"富豪者底利益"。同时伦理也有"抑制"剥削者"过度"行为的功能,以免过于激化阶级矛盾,防止无产阶级的"反乱"与资本主义的彻底崩坏。对于后一个功能是极有限的,因为强制的劳动和由此产生的心理,必然会限制生产力的发展。私有制是腐败道德的温床,疯狂的发财欲不可能"抑制"剥削者的行为,劳动人民与剥削者的矛盾从根本上看,是无法调和的。随着工业和科学的发达,劳动者从封建宗法网罗中解放出来,"心身"获得了自由,因而宗教的作用逐渐减弱,伦理的作用得到了增强,于是宗教成了近代道德的"有力机关"。

此外,伦理不仅对经济制度有维持作用,还可以产生破坏作用。这主要在两方面体现:其一,经济危机,必然造成道德危机,而且道德在经济破灭之前就先"瓦解";其二,新伦理可以唤起被压迫者的阶级觉悟,成为埋葬剥削者的掘墓人。

最后伦理与社会革命的关系。李汉俊主张进行彻底的社会改造,即推翻旧国家机器,除了暴力没有别法。但在进行社会革命时,决不能忽视伦理的作用。这是因为:其一,无产阶级必须认识到旧伦理是维护旧社会经济制度的工具,因此要改变自身被压迫的环境,只有"破坏现时社会组织的一途"不可。其二,既然旧伦理是维护剥削者统治的精神手段,因此无产阶级在进行经济、政治斗争的同时,也要进行文化战线的斗争。在中国就是要彻底清除以孔孟之道为核心的旧道德。其三,无产阶级在破坏旧世界的同时,要建立新道德。新道德就是"使人的本性、自然性自由发展的,使人自然发展的道德"。新道德是"救现在的痛苦灭亡,图将来的发展的第一要着"。这样他似乎认同伦理救国论。

应该指出他的伦理包含着思想。他认为思想解放对革命具有先导的意义,只有思想启蒙才会有革命的果实。欧美的物质文明为什么到近代发达到了"极点"?他认为原因在于思想启蒙运动。没有宗教革命,欧洲就不可能脱离蒙昧时代;没有文艺复兴,就没有以后的"科学日进月步的进步"。中国为什么曾创造过古代文明的辉煌，而到近代却落后欧美几百年？就是没有冲破孔丘的死牢。同样无产阶级要获得解放，首先要思想觉悟，这需要马克思学说的"灌输"。无产阶级应该树立暴力伦理，进行对资产阶级的直接行动。道德是一定时代的生产力和与之相适应的生产关系作为生存的条件，因此新道德固然从无产阶级的斗争中产生，但从根本上讲，新道德是建立在新经济制度之上的意识形态。这样他的立场就与伦理救国论截然不同了。

## 《马格斯资本论入门》

马克思、恩格斯将无产阶级世界观运用于对人类社会经济关系发展规律的研究，使随着资本主义生产方式的产生和发展而形成的政治经济学发生了革命性的变革，成为一门真正的科学。李汉俊认为马克思主义是理论体系，不能将马克思的政治经济学与马克思主义分开来，它是马克思主义的重要组成部分。马克思主义"如果没有经济学说底参照，就只能得出空洞的观念，而且不能了解现在的社会，尤其不能了解将来社会底组织"①。

《资本论》——这部划时代的文献，是马克思花费了毕生精力的研究成果和最主要的著作，引起了李汉俊的高度重视。他将该书与《共产党宣言》《社会主义从空想到科学的发展》列为每一个学习马克思主义的人必须"拿来详详细细读一读不可"的著作②。由于《资本论》"里面材料理论都太复杂，不是脑筋稍微迟钝的人所能了解"的，因此考茨基写了一本解

---

① 李汉俊：《研究马克思学说的必要及我们现在入手的方法》，上海《民国日报》副刊《觉悟》，1922年6月6日。
② 该节引号内的话，除了注明出处外，均为马尔西著，李汉俊译：《马格斯资本论入门》，社会主义研究社1920年版。

释性的书，书名 Karl Marx' Oekononische Iehren。戴季陶曾与朱执信、胡汉民、李汉俊将考茨基这本书译成中文，以《马克斯资本论解说》的题名，在《建设》月刊第1卷4—第3卷5号上连载（后由民智书局正式出版）。

1920年9月，陈溥贤根据日本高畠素之的日文本《资本论》，将其译成中文，以《马克斯经济学说》的书名，由商务印书馆出版。但是这本书不够通俗，没有一定政治经济学知识的人是很难看懂的，于是国际工人协会评论联合编辑米里·伊·马尔西撰写了 Shop Talks on Economics，将马克思政治经济学的基本理论，用很通俗的语言和方法"说得这样平易而又说得这样得要领的，在西洋书籍中也要以这本书为第一"。

日本远藤无水将米里·伊·马尔西这本书译成日文，李汉俊据此译成中文。书名原应译成《经济漫谈》，李汉俊考虑该书的内容，"审其作用，以为莫过于叫作《马格斯资本论入门》，所以就取了这个名称"。同时为了中国读者更好地学习和掌握，他又将书中"有点抽象之处，非略在经济学常识者不能了解"，令读者"非费点思索不能了解的地方，又略略加了点注解"。为了同样的原因，他还希望中国读者在学习这本书的同时，阅读马克思的《工资、价格和利润》，因为马克思的政治经济学的基本理论都在这里。读了这个马克思在国际工人协会总委员会会议上的报告，读者再看《资本论》就将"少费许多困难的思索"，对从《马格斯资本论入门》中所得到的观念"必定更要明显起来"。

《马格斯资本论入门》被列为社会主义研究小丛书之第二种，于1920年9月出版。全书54页，约2.7万字，共8小节——劳动者将什么东西卖给资本家、商品底价值、物价……（价格）、利润是怎样得的、便宜的物价与多的利益、贵的物价与专卖物价、工银、缩短劳动时间。它的问世立即受到中国先进知识分子的欢迎。北京共产党早期组织、武汉共产党早期组织将其当作学习的必读材料。这样李汉俊通过这本小册子和有关文章将马克思的政治经济学向中国人民传播。

第一,马克思的政治经济学是用唯物史观对历史考察的结果,所以马克思的唯物史观也可以叫经济史观。其根本的一条就是:造成社会的因素很多,但终极原因在经济条件。人的观念(包括善恶正邪、信仰等),均由物质条件决定,并受它的限制,"经济的条件是历史的进化底根本动力"①。具体地说,就是人类发展的各个阶段起支配作用的是物质的生产、交换以及与之相适应的产品分配。这也是一切社会制度的基础。

在阶级社会,生产资料必被一个阶级所私有,从而"支配生产及交换",进而支配生产者。在封建社会,这个阶级是君主贵族。在现在这个社会,这个阶级就是资产阶级。资本主义的生产关系是社会生产过程中的最后一个对抗形式,资本主义社会在极大地发展生产力的同时,又造就解决这个对抗的物质条件(即无产阶级)。"所以人类社会底前史就以资本家社会形态而告终。"②这样他就让人们抓住了历史发展的实质,给正在寻求救国的先进中国人指明了一条正确的解放道路。

第二,传播剩余价值论。剩余价值论是马克思政治经济学的基石,是这位伟大历史巨人对人类社会科学的最伟大的贡献之一。这个伟大理论的创立,揭示了资本主义的生产方式的生产、交换、分配和消费的一切主要方面所呈现出的规律,为无产阶级进行推翻资本主义制度的革命斗争提供了强大的思想武器。李汉俊在这方面的传播作出了引人注目的贡献。

他沿着马克思的思路,首先从商品谈起。商品不是物品,物品"是人以造出衣食住资料底目的,将劳力用到自然物上得来的东西"③。它是物质与劳动力的结合体,具有自然属性。它有一部分是自然界供给的,如木头,即使加上劳力,也是供自己使用,而没有交换价值。商品与物品虽然都有使用价值,但有质的差异,前者还有交换价值。

---

① 李汉俊:《唯物史观不是什么?》,上海《民国日报》副刊《觉悟》,1922年1月23、31日。
② 李汉俊:《唯物史观不是什么?》,上海《民国日报》副刊《觉悟》,1922年1月23、31日。
③ 李汉俊:《强盗阶级底成立》,上海《星期评论》"劳动纪念号",1920年5月1日。

所谓交换价值体现在生产品"是由产生它的时候所费的劳动量来决定的",任何商品都离不开人的劳动,都是劳动者"劳力"和"脑力"产生出来的。这种生产品不是单个劳动的产物,而是社会的劳动(也叫平均的劳动)的产物。商品是通过交换(出卖)供给他人和社会消费的劳动产品,每一个商品所费的社会的必要劳动就是这种商品的价值。这个理论就解释清楚了为什么不同的商品可以互相交换的道理,这是因为在相互交换的商品之间,存在着"相等的劳动量"。所谓价格只不过是进行交换商品的货币的称呼,价格应该与商品价值相等,这是真理。但是这二者之间往往是不平衡的,主要原因是有利润这个东西。

这样商品与物品的异处还在于它有社会属性,透过物的外壳,可以窥见人与人之间的社会关系。资本家是靠利润生存的,那么利润是从何而来?在商品中有两个特殊的商品,即劳动和劳动力。劳动是一种商品,卖方是劳动者,买方是资本家,劳动者与资本家缔结的劳动契约是自由契约,从表面上看,二者之间的关系是平等的,其实不然。劳动者出卖的是劳动力。劳动力的价值与其他的商品价值是一样的,是按它里面所包含的社会劳动来决定的。但是资本家所支付给卖方的工银(工资)并没有体现劳动力所创造出来的全部价值,而是必要劳动的价值。这是一种不平等的交换。

资本家获得利润最常用的方法就是延长工作时间,劳动者将"劳动力卖给雇主的时候,雇主要求终日使用他那劳动力的权利"。一个工人工作10小时,所得到的工资只是2个小时的必要劳动的价值,而另外8小时所创造的价值就被雇主掠夺去了。这部分的价值就叫剩余价值(或叫剩余生产)。资本家剥削无产阶级的全部秘密就在于此。

资本家为了获得更大的利润,不惜采取一切措施,疯狂地掠夺,在生产方式的生产、交换、分配和消费等一切环节中都追逐剩余价值。他们为了维护生产资料的私有制,还强化国家政权的职能。这样无产阶级与资产阶级的矛盾就无法调和,社会矛盾必然激化,从而引起深刻的经济危机和政治危机。无产阶级要从根本上改变自己的地位，使自己的劳动价值得到公平的体现，只有"以产业为基础团结起来"，一致行动废除"雇佣劳动制度"，将生产资料归劳动者所有，建立共产主义。

有重要意义的是，李汉俊用《马格斯资本论入门》中所获得的知识，去剖析中国的经济领域，有两个方面值得注意。第一是对中国资产阶级的认识。这个问题在前文已经展开，并在后文还将涉及。第二是他用极通俗的语言，分析中国经济运作，以揭示资本家对劳动人民的剥削秘密。他往往从劳动人民几乎每天都要接触到的问题作为突破口，以提问题的方式展开。例如，是劳动尊贵，还是资本尊贵？他指出资本就是剩余劳动而投到再生产用的价值。它的最初形式是货币，是劳动的结果。因此不事劳动的资本家不应该拥有资本，一切事业都应该归劳动者"所有"①。

人人都说钱（货币）尊贵，那么钱是什么？在古代一开始并没有钱，而是物物交换，经济发展到一定阶段，即"社会对于共同等价物底要求"时，才出现了货币②。有了货币后，在心理上就产生了一种崇拜财神的迷信，而看轻了商品的价值，所谓"下水思命，上岸思财"，就是商人迷信财神的一种通俗说法。现在世界上一切财富是由商品堆集而成的，钱离开了商品就没有一点价值，因为钱"所代表的是物品底交换价值，不是物品底使用价值"③。商品是劳动的产物，所以劳动比钱要尊贵。

资本家不劳动，也就是说不生产商品，不产生价值，那么他们吃的饭，穿的衣，住的房是从哪里来的呢？有人说是他们用钱买来的，从表面上看这句话有道理，其实不然。要深一步问一下，资本家的钱是从哪儿来的？李汉俊以上海为例，如果上海的码头工人和交通运输工人罢工一个礼拜的话，那么上海就会出现"天灾人祸，货物不能来，本地方的米又没有了，

---

① 李汉俊：《读永安公司（非股东）全体职员启事》，上海《民国日报》1921年6月18日。
② 李汉俊：《读永安公司（非股东）全体职员启事》，上海《民国日报》1921年6月18日。
③ 李汉俊：《强盗阶级底成立》，上海《星期评论》"劳动纪念号"，1920年5月1日。

我恐怕上海的100多万人个个都要饿死到钱堆里面呢！"①资本家的钱是从商品中掠夺来的，他们发现了一个可以使商品长大的特殊商品，它就是劳动力。资本家就是靠掠夺劳动力所创造的剩余价值发财致富的。

资本家不劳动，为什么他们反而有饭吃，有衣穿，有房住，而生产商品的劳动者却过着悲惨的生活？李汉俊通过一些具体的物品转换商品的过程，说明是劳动者养活了资本家，揭露了资本家的贪婪的本性，指出劳动者应该觉悟资本家是强盗阶级，团结起来，推翻资本主义制度，成为社会的主人。

恩格斯指出：剩余价值论与唯物史观是马克思一生在科学上的两个伟大的发现。由于唯物史观和剩余价值的发现才使人类摆脱了资产阶级古典政治经济学和空想社会主义的桎梏。所以包括李汉俊在内的第一批马克思主义者首先向中国人民传播唯物史观和剩余价值学说，是理所当然的事情。毋庸讳言，李汉俊在将马克思主义与中国革命实际相结合的过程中，有很大的模仿性，因而显得粗糙。由于他对中国的国情还缺乏正确认识，所以他对中国社会性质的分析是错误的，因而导致他的战略错误。他将中国列入资本主义的社会，认为中国政权是掌握在"少数资本阶级之手（在实际上虽然在官僚武人之手，而制度上却在资本阶级之手）"②。因而他就无法将民主革命与社会主义革命区别开来，提出了直接进入社会主义的命题。这一认识当然不是他一个人的思想，反映了当时国内马克思主义理论的整体水平。但是他研究马克思主义力求联系实际的学风，是应该值得肯定的，其中许多思想火花，无疑为中国共产党人后来正确认识中国革命规律，提供了可贵的思想材料。

---

① 李汉俊：《强盗阶级底成立》，上海《星期评论》"劳动纪念号"，1920年5月1日。
② 陈独秀编：《社会主义讨论集》，新青年社1922年版，第350页。

## 高举起批判基尔特社会主义的大旗

19世纪40年代，在已经确立资本主义国家制度的西欧，最先涌现出形形色色的社会主义思潮。马克思和恩格斯在1848年发表的《共产党宣言》中，描述了当时各阶级、各政治派别提出的各种各样的社会主义主张。随着马克思主义在中国的迅速传播，中国刚刚诞生的共产主义运动就遭到反动政府的镇压，同时一些资产阶级和小资产阶级知识分子在"社会主义"的旗帜下，公开反对马克思主义和社会主义道路。中国早期马克思主义者就与他们在思想战线上展开大论战。其中与基尔特社会主义的论战旷日持久，使科学社会主义与形形色色的社会主义划清了界限，有力地推动了马克思主义在东方大地上的广泛传播。

基尔特是英语Guild的音译，指中世纪同业联合组成的组织。所谓基尔特社会主义就是行会社会主义，是英国工联中的一种资产阶级改良主义思潮。基尔特社会主义力图把中世纪行会的狭隘思想同现代资本主义思想、无政府工团主义、费边主义混合起来，在工人当中散布不通过阶级斗争而摆脱剥削的幻想，鼓吹在资产阶级国家范围内由工人、工程技术人员联合组成产业基尔特，用和平的即从内部实行监督的办法，实行产业民主和产业自治，国家只负责分配和保证全民消费。1919年9月，张东荪等人就在《解放与改造》创刊号上，对基尔特社会主义做了介绍，并肯定这种"自治的社会主义"，在社会主义各派别中"最要善"。同年12月，张东荪在《解放与改造》上发表了《我们为什么要讲社会主义？》，随后又发表了《为促进工界自觉性进一言》，进一步阐述了自己的政治主张。李汉俊十分敏锐地看出他反对马克思主义的阶级本质，立即在《星期评论》第20号（1920年5月）上发表《浑朴的社会主义者底特别的劳动运动意见》，随后又发表了《自由批评与社会问题》(《民国日报》1920年5月30日)[1]等文章，率先揭开了批判基尔特社会主义的序幕。

1920年9月，英国著名哲学家罗素到中国讲学，极力兜售基尔特社会主义。张东荪陪他前往湖南讲演，并于11月6日在《时事新报》上发表了《由内地旅行而得之又一教训》，竭力附和和宣扬罗素的理论。李汉俊与陈独秀、李达等马克思主义者高举起批判的大旗，将这场论战推向高潮。李汉俊写了《跑到内地才睁开眼睛吗？》《冤哉枉也——抨击张东荪先生的人们》等文章，对基尔特社会主义展开了全面的讨伐，成为这场论战的主将。

第一，确定科学社会主义的正确方向。五四运动后，社会主义与劳工神圣一样，成了十分时髦的字眼，张东荪就是打着社会主义的旗号而贩卖资本主义。他要兜售其奸，就必然在逻辑上陷入混乱。李汉俊正是把这点作为批判基尔特社会主义的突破口。张东荪说："我们主张社会主义既不像工行的社会主义建立一个全国工行，又不像多数的社会主义组织一个无产者专制政治，更不像无治的社会主义废去一切机关，复不像国家的社会主义把所有生产收归国有。乃是浑朴的趋向。"李汉俊尖锐地质问："既然是一个主义，一定有一个内容；断没有只有趋向而无内容的，是可以说是主义。"他抓住张东荪的"浑朴的趋向"加以批判，揭露基尔特社会主义反对中国走社会主义道路的真实面目。

首先，确定主义的定义。什么是主义？李汉俊认为凡是主义一定要有具体的内容。主义就是"解决一个特殊问题的基本原理"。它应该具备三个条件，即"在人类生存和幸福上有必要""在人类进化上有实现的必要""要有能够实现主义的政策"[2]。这三个是有机的整体，缺一不可，方能成为一个系统完备的主义。张东荪所标榜的社会主义竟没有内容，只有一个"浑朴的趋向"，连将来的"境象"都不清楚。德国修正主义伯恩斯

---

[1] 本节引号内的话，凡没有标明出处的均来自这两篇文章。
[2] 李汉俊：《读张闻天先生底〈中国底乱源及其解决〉》，上海《民国日报》1922年2月6日。

坦的主义就已经够莫名其妙了，但它还有德国社会民主党的理论和获得政权的政策，而张东荪的社会主义，"却又不是热衷现时政权的主义，是逆现社会的，却是逆向的尽头境地如何是不晓得的。这不比德国底修正主义更为莫名其妙么"。李汉俊一针见血地指出：张东荪的社会主义没有内容，只有浑朴的趋向，"是一定而不可移的；境象是特别的，都是不能详知的"。他说这就是他的社会主义的精髓，"足以打破人底误解，防治许多流弊。这就好比是一个瞎子，手里棍子也没有拿一根，只朝着一个方向，也不晓得前面有路无路，是山是水，只向前面走的一样。瞎子所趋的前面却是浑朴的。到了尽头或是遇着虎豹，或是掉下岩去，或是落下水去，或是走到桃源去，总是要达到比现在不同的一种特别境象的"。所以张东荪的社会主义是走投无路的社会主义，他是走投无路的社会主义者。

其次，分清各种社会主义，确立马克思主义。五四运动前后，社会主义思潮汹涌而至，令正在寻求真理的广大青年一时"目迷五色"，难辨良莠。中国的基尔特社会主义和无政府主义正是利用这一点，在广大青年中兜售他们的理论，使不少青年上当受骗。李汉俊告诫广大青年，对于新文化，也要看到其中的复杂性，"主张资本主义的也有，主张军国主义的也有，主张社会主义的也有"，青年们一定要认真分析。社会主义也不是一个严格的主义，而是其内容复杂，分成许多种类的主义和制度，但它决不是像张东荪的社会主义那样，只有浑朴的趋向，而无具体的内容。社会主义有一个最低限度的基本原理，就是"在一般社会上取平等主义，在产业上使产业机关为社会共有，使分配平等"。但由于各国国情的不同，环境的不同，因此又分出各种类的社会主义，它们"各有各的理论底方法，而造成更具体的理论或系统"，"故所达到的'基本原理'也不能一致，于是才有种种社会主义底区别"。

从"用例"上社会主义大致上分为三种，每一种又有广义和狭义之分。第一种用例社会主义，是使个人的活动，从属于社会公共目的的一切倾向。

从这个意义上讲，"教育上的社会的教育，伦理上的社会的伦理学、经济上的社会的经济学、国家社会主义及社会改良事业等等，皆可名之曰'社会主义'"。这种广义的社会主义与其叫它为社会主义，还不如叫它为"社会本位说"。第二种用例社会主义，是在一般社会上取平等主义，在产业上使生产机关为社会共有，使分配平等的诸倾向的总称。狭义的社会主义和无政府主义皆属这一类。第三种用例社会主义，是"关于产业制度，尤以调动劳动问题，在生产上以生产资料（土地及资本）为公有，在分配上以劳动的比例为报酬。凡以这种主张为中心的社会改革底主张，就是所谓近世社会主义"，"其中以马克斯派底社会主义为中坚"。

为了使广大青年分清各种社会主义，李汉俊还进一步具体分析了社会主义的代表人物：谢夫列、瓦列斯、培拉米、拉法格、马克思、巴枯宁、列宁等。他特别突出马克思主义，指出："对于现在先进各国社会现象底由来、内容、结果，观察得最切当，研究得最深刻，解说得最透彻的，在现在只有马克思。"马克思主义理论具有普遍性，但其政策部分，在不同的国家有所不同，如在俄国就成了布尔什维克（或为共产主义）。他明确地宣布自己信仰马克思主义，号召中国人民应该很好研究西方先进各国的革命运动，它们现在的状况就是我们中国将来必然要经过的阶段，所以这对"我们后进的中国人实在是天赐之幸"①。中国若要赶上世界进步的步伐，就只有走社会主义这条唯一正确的道路。

第二，揭露基尔特社会主义的阶级本质。张东荪等打着社会主义的旗子，但他们的社会主义是没有具体内容的。这不是他们的无知，而是掩盖他们走资本主义道路的实质。李汉俊逐一批驳张东荪的谬论。

其一，张东荪等以中国没有劳动者，没有资本家，主要是发展实业为由，反对劳工运动，反对社会主义运动。李汉俊用马克思主义的唯物史观，

---

① 李汉俊：《研究马克思学说的必要及我们现在入手的方法》，上海《民国日报》副刊《觉悟》，1922年6月6日。

剖析了中国近代社会,指出中国的资产阶级早已存在,"在欧美日本之经济的帝国主义,侵到中国来,以国家底威力,强迫着和中国人做交易,强迫着中国开放市场,消费他们那一种剩余生产品,强迫着中国人帮助制造资本家底特权"①。他没有看到中国封建社会末期已经孕育了资本主义的萌芽,这反映出他理论上的不成熟,但他正确地看到了帝国主义的入侵,改变了中国的社会性质,强行将古老的中国拉进了世界资本主义。这种历史的巨变并不是一种进步,而是以国家丧失民族独立为代价。李汉俊指出中国自从有了资本主义,也就有了劳动者和劳动市场,资本主义的经济构架也在中国开始运作,其经济价值规律也就发生作用。

他用大量的事实证明中国不仅有劳动阶级,而且由于受到中外资产阶级的双重掠夺,中国的劳动阶级过着比西方同行要悲惨得多的生活;中国不仅有资产阶级,而且与外国资产阶级一样,都是强盗阶级。他一针见血地指出:张东荪的所谓发展实业,就是主张发展资本主义,"因为要主张资本主义,于是就反对社会主义"②。资产阶级是靠掠夺无产阶级的剩余价值发财致富的,他们绝不会发慈悲,让工人阶级过上"人的生活",张东荪应该睁开眼睛跑到资本主义发达的英国、美国和日本去看一下劳动人民的苦难生活。社会主义的根本目的才是铲除私有制,最终让所有的人都过上"各尽所能,各取所需"的共产主义生活。中国由于国际资本主义的侵略,已经远远落后于世界,中国要赶上去,只有走社会主义这一条道路,而不是走资本主义的路。

其二,张东荪鼓吹:"我以为在现在中国不必促进工人对于资本家的敌忾心,而只应促成工人对于工人的同情心。换一句话来说,就是暂且不要提倡工人对于异阶级的反对观念,而只要提倡对于同阶级的互助观念。"对于这种阶级调和的论调,李汉俊指出工人阶级与资产阶级是根本对立的,

---

① 李汉俊:《强盗阶级底成立》,上海《星期评论》"劳动纪念号",1920年5月1日。
② 李汉俊:《社会主义是教人穷的么?》,《新青年》第9卷第1号,1921年5月1日。

其阶级矛盾是无法调和的，应该在工人和国民中"大大地灌输资本家阶级是掠夺阶级或强盗阶级的观念，使社会一班都明了资本家阶级底横暴，劳动者阶级底不合理的痛苦的理由"。他揭露张东荪抽象地谈什么同情心、互助、团结等，实质上是"不希望工人有阶级的觉悟"，甘受强盗阶级的压迫。他号召工人阶级提高阶级觉悟，"认识到资本家阶级是掠夺阶级，劳动者阶级是被掠夺阶级"①。他们应该团结起来，用阶级斗争手段，打倒资产阶级。

李汉俊还通过中国近代史的分析，进一步揭露基尔特社会主义的阶级本质。中国自从鸦片战争后，就被西方列强强行拉进资本主义，这样"中国在经济上已经走到欧洲封建制度破灭后的资本制度了，政治上却还没有脱离欧洲资本制度尚未发生的封建制度"。这样就造成了一种奇特的现象，中国的第三阶级（资产阶级）和第四阶级（无产阶级）在政治上攻击的目标都是封建贵族。一些资产阶级的"糊涂虫"竟以无产阶级为"同志"，以社会主义为"主义"。其实这两个阶级的目的是绝对不同的，无产阶级运动的最终目的是造成一个生产资料公有制的共产主义社会，而资产阶级运动的最终目的是造成资本主义私有制的社会。所以张东荪从内地旅行回来，便"恍然大悟"，于是"大大地反对起社会主义、提倡资本主义了"②。

第三，揭露基尔特社会主义者"随风倒，摸风歪"的投机性。在《冤哉枉也》（上海《民国日报》副刊《觉悟》，1921年8月14日）中，李汉俊是从历史的角度来进行揭露的。他指出基尔特社会主义的主将梁启超在清季主张君主立宪，到民国又主张共和；到袁世凯当政时，怂恿袁世凯行"断行政治"；待袁世凯要做皇帝，他没有希望了，就起来"革命"。到段祺瑞执政时，他又讲贤人政治；一方面主张"军人不干涉政治"，一方面又怂恿督军团解散国会。待安福俱乐部产生后，"自家没有希望，又来讲

---

① 李汉俊：《进了步了！》，《新青年》第9卷第1号，1921年5月1日。
② 李汉俊：《进了步了！》，《新青年》第9卷第1号，1921年5月1日。

社会主义了"。民国初，政客时髦时，张东荪就加入进步党，而当政客的丑行遭到国民厌恶时，他就"乘爱国主义底兴起，发表了忏悔的文章，表明以后再不作政客；当社会主义的思想乘爱国主义底兴起而兴起，支配一般青年底时候"，他"就大唱什么社会主义"。他是在其政治主张四处碰壁，"自家没有希望的时候，又来讲什么社会主义了"。

基尔特社会主义者讲社会主义，却没有具体的内容，只不过是他们作为政客"临机应变"的手法。他们用抽象的"浑朴的趋向"来掩盖发展资本主义的实质，后来终于将"浑朴"两字取消，加上了"资本"的内容，公开确定了资本主义。但他们还耍花招，声称"对外主张社会主义，对内主张资本主义，以投青年之好"。

1920年11月6日，张东荪发表了《由内地旅行而得之又一教训》后，陈独秀、李达、陈望道等投入战斗，使反对基尔特社会主义的声势大振。在这场论战中，尽管早期马克思主义者对于中国的国情还缺乏科学的分析，但他们坚决驳斥了张东荪等主张在中国发展资本主义和反对建立无产阶级政党的谬论，从而进一步传播了马克思主义，坚定了走社会主义道路的决心。

## 介绍国际共产主义运动史

李汉俊在传播马克思主义中，还有一个突出的贡献，就是通过系统地介绍国际共产主义运动史，来确立马克思主义在国际工人运动中的统治地位，进一步宣传科学社会主义。这方面的成果集中在《劳动者与"国际运动"》，全文约2.3万字，分三次在《星期评论》第51号、52号、53号（1920年5月23日、5月30日、6月6日）上发表。国际共运史就是一部马克思主义与世界无产阶级相结合的发展史，马克思主义既是国际共运的指南，又是国际共运经验的结晶。因此，透过这个窗口，可以更好地帮助中国人民进一步了解和学习马克思主义。

先进的中国人在引进和介绍马克思主义的同时，也开始引进和介绍国际共运史，例如《社会世界》就曾译载了《万国社会党会史》，但在五四运动前，这种介绍是零散的、片段的，甚至有误解和歪曲。十月革命和五四运动后，随着马克思主义在中国的传播，介绍国际共运史的文章也日见增多，李汉俊的《劳动者与"国际运动"》是国内第一篇系统和全面介绍国际共运史的文章，对于中国人民了解科学社会主义发展史，学习马克思主义具有重要的作用。

第一，国际共运史是一部国际无产阶级斗争的历史，通过学习这段历史，进一步认识到走社会主义是历史的必然选择。国际共产主义运动是在19世纪40年代马克思主义与近代两次工人运动初步结合的基础上发展起来的。1848年欧洲革命失败后，资本主义经济在欧洲各国得到了迅速的发展，无产阶级的力量也随着增长起来。到19世纪50年代末60年代初，国际无产阶级运动走出了低谷，出现了新的高潮。1863年夏，波兰人民掀起了反对沙皇殖民统治，争取民族解放斗争的风暴。这场斗争获得了英法两国无产阶级的广泛同情和支持，无产阶级在同资产阶级的斗争中，唤起了自己的阶级自觉，认识到资产阶级具有国际性，无产阶级要获得解放，就必须加强国际无产阶级的团结。于是英法德等主要工业国的工人代表于1864年9月28日在英国伦敦的圣马丁堂集会，宣布成立"万国劳动者同盟"（后译为国际工人协会，即第一国际）。马克思出席了大会，并起草了《成立宣言》和《临时章程》两个历史性文件。

李汉俊较为详细地介绍了这两个文件的精髓，指出自1848年革命以来，工业的发展和贸易的增长虽然是史无前例的，但工人的悲惨生活却是有增无减，证明了劳资关系是根本对立的，是不可调和的，因此无产阶级必须与资产阶级进行不停顿的斗争。无产阶级要求10小时工作日法案的通过，以及无产阶级无间断的斗争，是破坏资产阶级的经济组织及竞争的手段。工人阶级对于资产阶级掠夺的服从，"是一切束缚底原因，是一个社会的悲剧底原因，是一切精神的坠落，政治的颓废底原因"。无产阶级的经济解放，不是一个地方，一个国家的问题，只有先进发达的资本主义国家的人民一齐努力，"才能解放"无产阶级自己。因此全世界无产阶级联合起来，担负起对资产阶级进行阶级斗争，夺取政权的伟大使命。

第一国际存在的12年间，共开了5次代表大会，李汉俊逐次介绍了日内瓦（1866）、洛桑（1867）、布鲁塞尔（1868）、巴塞尔（1869）、海牙（1872）大会的情况。他着重阐述了两点：其一关于所有制。第一国际强调无产阶级必须将土地、矿山、铁路等生产资料国有化，废除私有制，实现生产资料公有制。这个问题实质上是关于工人运动的最终目的即建立什么样的社会主义问题。

其二关于政治斗争。在布鲁塞尔大会上，第一国际对工人同盟罢工发表了宣言："同盟罢工不是解放劳动者的完全手段，但在现在这种劳动与资本底状况之下，其为必要事件是应有的。"第一国际在普法战争爆发前，通过了一项决议，指出："战争的主要与经常的原因在于经济情况不够平衡，因此，要根除战争，就只有实行社会改革。"大会号召无产阶级团结起来，用"世界的大同盟罢工"来对抗资产阶级的战争。1871年巴黎爆发了"共产革命"（后译为巴黎公社），这场震惊世界的伟大革命也使第一国际的名声大振。马克思充满革命激情歌颂了巴黎公社，并及时加以总结。通过这次斗争，马克思充分肯定暴力革命，指出："劳动者可以平和的手段达到目的……但是在重要的欧洲诸国，是要以威力为革命的手段的。一朝时机到了，他们是要一定非诉威力不可的。"他在海牙大会上提出了"暴力应当是我们革命的杠杆"的著名论断。

1889年7月，在恩格斯的号召下，欧美各国社会主义政党在法国巴黎举行了万国社会党大会（后译为国际社会主义者代表大会，即第二国际），这是第一国际的"复活"。在第一次世界大战时，围绕着战争问题，国际共产主义运动发生了分裂。第二国际被伯恩斯坦"右派"和考茨基"中派"所把持，公开"变节"，在"防卫祖国"（后译为"保卫祖国"）的名义下，支持本国帝国主义政府的战争政策，成为本国资产阶级的"走狗"，第二国际的革命精神也就"付之流水"，并"无形消灭了"。在这个关键时刻，德国马克思主义者李卜克内西坚决反对第二国际修正主义的背叛行为，另组织了一个独立的社会民主党。俄国布尔什维克也"极端反对"，并"乘机起革命，大从事于非战运动"。

第一次世界大战后，俄国布尔什维克在列宁的领导下，进行了十月革命，建立了第一个社会主义国家。十月革命的胜利是将马克思主义的暴力革命学说变成了现实，标志资本主义的总"崩坏"，开辟了社会主义新纪元，同样也开辟了马克思主义战胜第二国际修正主义的新纪元，为红旗万国同盟（后译为第三国际）的建立奠定了基础。1919年3月，在列宁的领导下，各国共产党和无产阶级左派聚会莫斯科，宣告第三国际的诞生。第三国际的政治主张很多。最基本点就是实行"无产阶级底专制"（后译为无产阶级专政）。

总之国际共运内部展开的政治斗争，实质上是无产阶级解放道路的问题。李汉俊通过对国际共运史的扼要复述，昭示中国人民要获得民族解放和独立，就要遵循历史发展规律，无产阶级和广大劳动人民团结起来，对剥削阶级进行阶级斗争，走无产阶级专政的道路。

第二，国际共运史是一部马克思主义与各种社会主义流派和机会主义作斗争的历史，通过学习这段历史，进一步提高中国人民的认识和鉴别能力，在形形色色的社会主义思潮中，确立马克思主义的坚定信念。第一国际诞生后，马克思主义者就同蒲鲁东主义、工联主义、拉萨尔主义和巴枯宁主义等各种机会主义派别进行了原则性的斗争，斗争的焦点就是以上两个问题。

李汉俊重点评介了马克思主义与巴枯宁的斗争。马克思的主张是用革命的手段推翻旧的国家机器，建立新的"有秩序"、有"政治组织"的国家政权进行统治，以达到共产主义。这个新型的国家采取"中央政权"（即无产阶级专政）的组织形式，马克思主义者指出："有'综合的财产'与'共同劳动生产组织'而成的社会主义的社会，如果没有万能的中央政权，一定是不能建设，不能维持的。"巴枯宁派则攻击马克思主义者的这个主张："这是（古代）专制制度及奴隶制度底再生，而更具有极端的形态。"他们反对一切国家形态，甚至"只要是有绝对的统治权的东西，皆不准他存在。他们只希望以劳动者群众或团体底共产组织占有财产，实施生产。但是这个团体，是不能用社会的或政治的强制使他集合的"。马克思主义者批驳道："这反是维持自由竞争组织，使之更为激烈，而把这个世界引得更纷乱的世界去。"在另一篇文章里，李汉俊用更明了的语言将马克思主义与无政府主义做了区别。"在将所有的产业机关归于强有力的中央政府之下的，就成了集产主义。以公平分配为'各尽所能、各取所需'的，就成了共产主义。……以社会底共有为'社会男女的自由的（没有构成国家所必需的强制权力）协同的团体底共有'的，就成了无政府共产主义。"①

李汉俊对这场斗争的评介，还有着特殊的作用。无政府主义，特别是俄国克鲁泡特金的《互助论》在中国先进知识分子中颇有市场，包括李大钊、陈独秀等五四新文化运动的精神领袖，和毛泽东、恽代英等五四运动比较年轻的左翼骨干，都深浅不一地受到它的影响。此时，这一批先进分子正在洗刷唯心主义，否定旧我，批判无政府主义，实现世界观的伟大转变。李汉俊的批判无疑有助于他们的超越自我，对即将展开的马克思主义同无政府主义的论战提供了思想武器。

---

① 李汉俊：《自由批评与社会问题》，上海《民国日报》1920 年 5 月 30 日。

1919年2月，右翼社会党人在瑞士伯尔尼召开会议，恢复第二国际，历史上称这个国际叫伯尔尼国际，也称"黄色国际"。伯尔尼国际是一个完全由工人贵族、社会主义叛徒所把持的国际，它反对无产阶级专政，实际上成为帝国主义代理人的组织。正当这个国际在紧锣密鼓地筹划时，列宁领导各国共产党就发表宣言，加以揭露："第二万国同盟已经在1914年8月灭亡了的。各国社会党底代表都转投入军国主义底麾下，以从事于无道的战争了。这些帝国式的社会党现在又组织万旗万国同盟（The yellow International）了。这种卖友的万国联合会，其组织的同意，专在反对全世界无产阶级底革命。各国共产党如果不急速结合起来，就难以抵抗帝国式社会党底联合会了。所以急宜组织第三革命万国同盟（The Third Revolutionary International）。这个万国同盟底性质与帝国式的社会党、假冒的社会党底联合会，完全不同。"

前面提到，社会主义是一个庞杂的概念，分有各种流派，仅无政府主义就有蒲鲁东的"社会无政府主义"、巴枯宁的"团体的无政府主义"、克鲁泡特金的"无政府共产主义"等。由于第一次世界大战，将帝国主义的侵略本性暴露无遗，第二文明（即资本主义文明）在先进中国人的心中破产，他们将目光转向第三文明（即社会主义），将社会主义作为改造社会的"新思潮"，加以吸收，在神州大地上进行各种实践。正如瞿秋白所说："社会主义讨论，常常引起我们无限的兴味。然而究竟如俄国19世纪40年代的青年思想似的，模糊影响，隔着纱窗看晓雾，社会主义流派，社会主义意义都是纷乱的，不十分清晰的。"① 因此，将马克思主义与其他社会主义流派加以区别，就成为马克思主义传播的任务之一。李汉俊自动担负起这一历史的重任，通过宣传国际共产主义运动史来达到这个目的。

第三，国际共运史是一部无产阶级政党的活动史，通过学习这段历史，

---

① 《瞿秋白文集》第1卷，人民出版社1953年版，第23—24页。

有力地推动了中国无产阶级政党的建立。有资料证明，五四运动后，中国具有初步共产主义思想的知识分子就开始进行建党的探索。随着这个历史进程，无产阶级政党的宗旨、纲领、组织原则及组织形式等有关党建的内容，就摆在中国具有初步共产主义思想知识分子的面前，成为急需解决的问题。李汉俊通过对国际共运史的宣传，关于无产阶级国际性政党组织和欧美各国无产阶级政党的建立和发展情况，无疑对在中国建立无产阶级政党是一个重要的参考系。

李汉俊在评介国际共运史时，力求用简洁的语言将第一国际、第二国际和第三国际的组织原则、重要的时局宣言、政治纲领等做了介绍。为了准确地阐明马克思主义的观点，他还直接翻译了第一国际宣言、第二国际布鲁塞尔（1891年）大会决议、第三国际筹备宣言等重要文件的关键段落。第一国际、第二国际（1895年恩格斯逝世前）初期的整个活动，是团结、动员世界无产阶级，对资本—帝国主义进行阶级斗争，以摧毁旧的国家机器，欲建立无产阶级专政的新型国家的历史。第二国际中后期，以及伯尔尼国际彻底背叛了马克思主义，成为资本—帝国主义的走狗而"声名很坏"。20世纪初，列宁为了将无产阶级革命推向前进，提出了建立第三国际的新任务，并且团结各国无产阶级政党，在思想上、政治上、组织上做了全面的准备。

19世纪70年代以后，马克思主义在欧美广泛传播，进一步推动了社会主义政党在欧美大陆各国的普遍建立。随着资本主义进入"和平"发展时期，各国社会民主党在对待资产阶级政府、帝国主义战争等问题上发生了"大激论"，分成了"软"（右派）"硬"（左派）和"折中"（中派）等派。在对待战争问题上，"万国同盟自发生以来的一贯的主张"是"以国家为有产阶级掠夺无产阶级的机关！以战争为国家与国家之间的冲突，为有产阶级牺牲无产阶级底生命以遂其经济的侵略的手段而痛加反对"。

但第一次世界大战爆发后，德国社会民主党首先"变节"，支持帝国主义之间的战争,英法等国社会党步其"后尘"。这就宣告第二国际在思想上、政治上和组织上的彻底破产。列宁在俄国建立了布尔什维克党,捍卫了马克思主义,坚决反对帝国主义战争,与第二国际"变节"行为进行了坚决的斗争。在战争中,欧洲各国"尚节义的社会主义者",不为第二国际变节者"所动"。"他们痛责这个战争,说它是中产阶级播弄的诡计,所以要求世界劳动界继续从前的共同行动,以实行阶级战争,而谋全世界无产阶级底胜利。"待布尔什维克党"主宰了欧俄"后,他们就以俄国为活动基地。第三国际的诞生,标志着第二国际的"死灭"。

值得注意的是,李汉俊在写这篇文章的时候,正是他与陈独秀等进行建党活动的初期,那时他们在上海成立了马克思主义研究会,这是中国共产党的最初细胞。在这篇文章中,有关无产阶级政党的组织原则、机构,以及运作,特别是文章中已经出现了共产党的字眼等,无疑对正在从事无产阶级政党实践的先进中国人来讲,具有不可估量的现实意义。尽管他当时的翻译水平并不高(又是从日文转译的),资料来源也有限,无论从史料,还是从观点上看,都有值得商榷的地方,但其基本精神是符合历史的,其基本观点是马克思主义的。这从一个侧面再次说明中国共产党的建立绝不是偶然的,而是经历了一个思想准备阶段。

第三章
CHAPTER THREE

# 为创建中国共产党而奋斗

## 大力进行建党的革命宣传

在五四运动的洪流中,中国无产阶级以独立的阶级登上了历史舞台,显示了自己的阶级觉悟和力量。运动后,随着马克思主义在中国的初步传播,一批急进民主主义者迅速转变成为具有初步共产主义思想的知识分子。这样在中国建立无产阶级政党的历史使命就提到日程上来了,李汉俊倾尽全力投身到建党的伟大事业中去。

首先建立宣传阵地。五四运动后,马克思主义初期传播的中心在上海,在《新青年》、《星期评论》、《民国日报》副刊《觉悟》、《建设》,以及稍后产生的《劳动界》和《共产党》月刊等传媒的鼓动下,马克思主义如不可抗拒的春潮涌向了全国。这些宣传马克思主义的刊物与李汉俊都有密切的关系。

李汉俊是《星期评论》的主要编辑。该刊创刊时,还是以资产阶级民主主义为旗帜,但随着李汉俊的加入,它就逐渐变成一个宣传马克思主义的有力刊物。据不完全统计,该刊从创刊始,到1920年6月6日被迫停刊止,在一年的时间内,共出35号,其中宣传马克思主义的文章(不含短评)就有50篇。李汉俊在该刊上发表的文章与译文有38篇之多。

针对军阀政府企图用禁令阻止马克思主义的传播,《星期评论》宣称,政府用"权力"禁止真理的声音是没有效力的,所谓"禁止愈严,革命的时机愈迫,革命的潜势力愈增"。它直接参加了问题与主义的辩论,是我国思想界第一家批判基尔特社会主义的杂志。在论战中它较系统地介绍科学社会主义和其他社会主义派别的区别及其斗争的情况,帮助广大正在寻求真理的青年认识到马克思"是社会主义的'科学根据的创造者'","希望中国人多研究以马克思经济学为骨干的'科学的社会主义'"。

《星期评论》在一般宣传马克思主义方面，最富有特色的贡献是鼓吹劳工思想。它是五四运动后第一家宣布将劳工问题作为自己办刊主旨的杂志。五四运动促进了中国工人运动由经济斗争转入政治斗争，但由于中国工人阶级力量弱小、文化程度十分低，因而阶级觉悟色彩不够鲜明，因此必须将科学社会主义灌输到工人中去，使无产阶级实现从自在阶级变为自为阶级。《星期评论》自觉挑起了这副历史重担。它强调工人运动不应盲目展开，而应在正确的理论指导下进行，为此它首次提出了无产阶级新文化的概念。《文化运动与劳动运动》(《星期评论》1920年5月"劳动纪念号")是我国首篇将劳动运动与文化运动结合在一起的专论，文章从历史发展的过程阐述了劳动运动与文化运动的因果关系，指出文化运动的目的应该使创造世界财富的无产阶级享受文化，"造成劳动者自己劳动，自己管理，自己享用的协作共享社会"。文化运动"一定要加上一个劳动运动的色彩"，才有意义。它号召从事文化运动的人，要认清这一历史趋势，切切实实地为无产阶级的新文化而尽力。

要提高工人阶级的阶级觉悟，首先应该使他们认识到自己的地位和肩负的历史使命。《星期评论》及时报道了国内外工人的悲惨境遇、斗争情况，运用剩余价值理论解剖整个生产过程，揭示资产阶级剥削工人的秘密，就像劳动者自己斫成了很大很重的石捣臼，戴在自己的头上，舂米给不做工的人吃，享受文明幸福的是不劳而获的资本家，负担文明的是劳动者，这是世界上最不公平的事。工人阶级应该觉悟，行动起来，打碎这个"石捣臼"。它号召工人阶级必须团结起来，才有力量，建立健全工会组织，对旧社会进行彻底的破坏，建立无产阶级当家做主人的新社会。中国工人阶级应该明白无产阶级是不分种界国界的，全世界无产阶级都是被掠夺阶级，只有团结起来，才能"打破这万恶的资本制度"，使全世界人民，"都变成劳动者"。

1920年5月1日，是五一国际劳动节36周年纪念日，《星期评论》与

《新青年》采取同一行动，专门出了"劳动日纪念"专号（共十张），刊登了李大钊《"五一"May Day 运动史》，组织了《五月一日略史》《劳动歌》等作品，热情讴歌了无产阶级的伟大的节日。它反复强调人民群众是历史主体，作为这个主体的核心是工农群众的思想。它指出世界"是劳动者的世界"，推翻旧制度的主要力量是工农群众。它号召知识分子从旧圈子里走出来，与体力劳动者团结起来，"组织一个东方无产阶级的大联合，迎着红灼灼的太阳光，高呼：无产阶级万岁！"

星期评论社还组织翻译马克思主义的经典著作，最典型的例子就是请陈望道翻译《共产党宣言》。陈望道早年留学日本时，开始接触马克思主义。1919年6月从日本回国，在浙江第一师范执教。第二年春，他应星期评论社的邀请，在家乡义乌分水塘翻译《共产党宣言》。他主要是依据星期评论社提供的日文本翻译的，同时参照了英文本。《共产党宣言》原准备在《星期评论》上发表，后因该刊停刊，改由社会主义研究社的名义于1920年8月出版（实际上由新青年社发行）。李汉俊不仅是《共产党宣言》中文本的翻译组织者，而且也是参加者之一，他和陈独秀进行了校对工作，并积极促使其出版。

1920年6月6日，《星期评论》在上海租界工部局和军阀政府的迫害下，被迫停刊。但是星期评论社并没有停止战斗。在《〈星期评论〉刊行中止的宣言》中，李汉俊等表示，他们将专心致志"刊行有研究价值的关于社会主义的书籍"，"我们生存一天，一定是为改造社会尽力一天"[①]。第二天（6月7日），星期评论社同人又以"社会经济丛书刊行会"的名义在上海《民国日报》上刊登了"社会经济丛书第一期出刊预告"，表明"经济组织底改造，是社会改造底基础"，为使中国思想界"由空泛的文化运动，向着组织改造运动进行"，将出版社会经济丛书。

---

① 上海《星期评论》第53号，1920年6月6日。

在《星期评论》诞生的第八天（1919年6月16日），在上海《民国日报》的第八版上出现一个新的副刊，叫《觉悟》。这份几乎与《星期评论》同时出现的副刊，绝非偶然。它是由早期具有初步共产主义思想的知识分子邵力子[①]主编，陈望道到上海后助编的一份革命的报纸。副刊发行后的第三天（6月18日），就公开树起了马克思主义的旗帜，其标志是这一天和6月19日发表了署名"鹤"（李达）的《为什么叫做社会主义》《社会主义的目的》两篇文章。到1925年5月邵力子离开上海到广州为止，共六年的时间里，副刊《觉悟》对马克思主义列宁主义在我国的早期传播有过杰出的贡献。

《民国日报》副刊《觉悟》是《星期评论》的有力支持者。它时常报道有关《星期评论》的消息，1920年6月7日，《星期评论》在被迫停刊后的第二天，就是在《民国日报》上表示将继续从事改造社会基础事业的决心。李汉俊等委托陈望道翻译《共产党宣言》的消息，也首先是通过副刊《觉悟》，向广大读者加以介绍翻译和出版情况的。李汉俊是该副刊的重要撰稿人，他第一次在《觉悟》上出现，是1919年9月5日，翻译了日本社会主义者山川菊荣的《世界思潮之方向》，该文揭示了人类前进的方向就是走无产阶级革命的道路。随后他与詹大悲合作翻译了《劳动者运动之指导伦理》，提出了无产阶级新伦理的概念，对中国工人阶级提高其自身的阶级觉悟，起到了很好的推动作用。据统计他在副刊《觉悟》上共发表（含翻译）文章42篇，其中《中国底乱源及其归宿》《我们如何使中国底混乱赶快终止？》《读张闻天先生底〈中国底乱源及其解决〉》《研究马克思学说的必要及我们现在入手的方法》等文章，都是建党前后，产生过

---

[①] 邵力子（1882—1967），原名闻泰，字仲辉，笔名力子。浙江绍兴人。早年留学日本，1908年参加中国同盟会。1916—1925年在上海办报，积极参加反对帝国主义和封建军阀的斗争。1926年8月按党的建议，正式脱离中国共产党。新中国成立后，历任中央人民政府政务院政务委员、全国政协常委、中国国民党革命委员会中央常务委员等职。1967年12月在北京病逝。

很大影响的文章，前两篇还被陈独秀收到《社会主义讨论集》里，由新青年社1922年6月出版。

《建设》月刊创刊于1919年8月，10月中国国民党成立后，该刊就成为它的理论杂志。它主要宣传孙中山先生的三民主义，但在马克思主义初期传播中，也受到影响，发表过不少有关介绍马克思主义的文章。其主要负责人胡汉民，以及戴季陶等均在上面发表过不少文章，特别是在介绍马克思主义的经济学说、唯物史观方面格外引人注目。在五四运动的推动下，有一些国民党人士，如胡汉民、戴季陶、沈玄庐、邵力子等均曾倾向过马克思主义。这再次说明，马克思主义在中国的传播不是孤立、偶然的现象，包括国民党中的一些人士，曾考虑过用社会革命的手段来解决中国社会问题。李汉俊在该刊上发表过两篇重要文章，一篇就是《改造要全部改造》，另一篇是译文，标题是《道德底经济的基础》。

1920年8月15日，李汉俊与陈独秀创办了我国第一个工人阶级周刊《劳动界》。8月17日，他和陈独秀作为发起人，在上海《民国日报》上刊登的《〈劳动界〉出版告白》中，旗帜鲜明地宣布该周刊的宗旨就在于"改良劳动阶级的境遇"，要使"本报成为一个中国劳动阶级有力的言论机关"。他还特意为《劳动界》写了发刊词，进一步表明，"我们印这个报，就是要教我们中国工人晓得他们应该晓得他们的事情"。《劳动界》实际上是上海共产党早期组织的以工人为对象的通俗刊物，总发行处在新青年社。《劳动界》32开本，每册16页。内容分国内劳动界、国外劳动界、演说、通讯、调查、时事、小说、诗歌、读者投稿等栏目。迄今看到24册，最后一册出版时间是1921年1月23日。

《劳动界》用极其通俗的语言揭露了资本家和反动军阀对中国工人阶级的种种剥削。它运用马克思主义的观点，结合中国无产阶级及其劳动大众的生活状况和斗争实际，对他们进行马克思主义的启蒙教育，号召无产阶级结成大团体，与万恶的旧社会进行阶级斗争。《劳动界》很受工人阶级的欢迎，他们热情称赞它是"工人的喉舌""工人的明星"。有一个叫李中的工人，投书给《劳动界》，欢呼"工人的运动，就是比黄河水还厉害还迅速的一种潮流。……将来的中国，要使他变个工人的中国；将来的世界，要使他变个工人的世界"①。李汉俊还和陈独秀、俞秀松积极筹办《店员周刊》，帮助出版《上海伙友》，并且在《平民周刊》上发表文章，鼓吹劳工运动。

《新青年》原是宣传资产阶级新文化运动的革命刊物，1920年随着陈独秀移至上海后，从第8卷第1号（1920年9月1日）开始，就成为上海共产党早期组织的机关刊物。李汉俊是改组后的《新青年》编辑部的主要成员。他在上面介绍了俄国革命与苏俄建设的情况，翻译了德国著名马克思主义者倍倍尔的《女子将来的地位》，发表了《跑到内地才睁开眼睛吗？》等战斗文章，猛烈批判了基尔特社会主义。

同年11月7日，即在十月革命三周年之际，《共产党》月刊创刊，由李达负责，李汉俊给予了有力支持。在他担任上海共产党早期组织的代理书记时，又领导了这个刊物。他还在上面发表了长文《太平洋会议及我们应取的态度》和《劳农制度研究》。

1921年6月24日，在中共一大前夕，李汉俊和陈独秀、李大钊、李达、邵力子、陈望道等15人发起成立了新时代丛书社，其宗旨是普及新文化运动，"以增进国人普通知识"②。新时代丛书的内容包括文艺、科学、哲学、社会问题等。该社的通讯处设在上海贝勒路树德里4号（今兴业路78号），这正是李汉俊与他哥哥李书城的寓所，由此可见他是这个新宣传机构的核心人物。

总之，在建党前夕，上海共产党早期组织所创办的一切宣传机构大多与李汉俊有密切的关系。他或者是刊物的主编，或者是主要的撰稿人。这

---

① 《劳动界》第20册，1920年9月26日。
② 《〈新时代丛书〉编辑缘起》，上海《民国日报》副刊《觉悟》，1921年6月24日。

些革命的阵地，正是在陈独秀、李汉俊、李达等具有初步共产主义思想知识分子的共同努力下，展示出光彩夺目的理性辉煌。

其次，为中国共产党的诞生而进行舆论准备。1919年9月5—7日，李汉俊在上海《民国日报》副刊《觉悟》上节译了山川菊荣的《世界思潮之方向》。山川菊荣（1890—1980），日本东京都人。她是日本著名社会主义活动家山川均的妻子，长期从事社会主义理论研究。她在《世界思潮之方向》中，热情地歌颂了俄国十月革命，指出："俄国革命发生以来，世界形势日日变化。"她将法国大革命与俄国十月革命进行了比较，认为由于"时势不同"，觉悟的无产阶级在俄国已占"支配"者的地位。革命知识分子的新思想与劳工运动的"两种激流"相结合，做"永续的运动"，对旧社会进行"大破坏"，对新社会进行"大建设"。社会主义、劳工运动已成为世界思潮之方向。文章在肯定俄国十月革命的伟大成果的同时，还批评了克鲁泡特金的"革命"观。李汉俊译完该文后，有一个后记。他写道：面对世界蓬勃兴起的社会主义运动，"我们中国怎么样？——中国决不在世界外，也不能在世界外"。他宣布自己是"平民，民众，无产阶级"的一分子。"人家叫我做民党、革命党，我应该在这一点有切实的打算。"

在"五四"前后，"民党"通常指中国国民党和欧洲的共产党（如俄国社会民主工党、德国社会民主党等）。李汉俊在写这个后记时，中国国民党还没有成立，而且中国国民党也从来不是无产阶级的政党。因此，他文中的"民党"是指在中国建立与俄国社会民主工党性质相同的政党。首先从文章的内容看，山川菊荣谈的是十月革命后，劳动运动与社会主义运动相结合的问题，李汉俊为此而感，因此他的所谓"民党"当指无产阶级政党应是理所当然的事。其次他当时和后来的社会实践也印证了这一说法。第二年春，他参加了上海共产党早期组织的成立发起。他的建党活动是他建党思想的合乎逻辑的必然结果。最后他的"民党"与陈独秀在《对于时局的我见》中的"社会党"是同一个意思，即在中国建立一个无产阶级政党，至于明确将这个党叫"共产党"，则是1920年8月以后的事。

这个史料被挖掘的意义已远远超出了李汉俊研究的范围。长期以来，在海外研究中国现代史的学者中普遍流行着中国共产党不是中国社会政治经济的必然产物，而是共产国际"产儿"的说法。前几年，国内也有个别人与之呼应，称中国共产党是外来政治势力"切入"的结果。李汉俊的这段文字有力地驳斥了以上的错误说法。他建党思想的提出比张申府回忆陈独秀与李大钊相约南北建党和共产国际代表维经斯基来华的时间要早近半年。这至少说明中国具有初步共产主义思想的知识分子在1919年秋就独立地提出了在中国建立无产阶级政党的思想，再一次证明中国共产党是通过具有初步共产主义思想的知识分子的桥梁作用，把马克思主义和工人运动逐渐相结合的产物。

毛泽东曾指出：十月革命一声炮响，给我们送来了马克思主义。先进的中国人接触马克思主义虽是在十月革命以前，但选择马克思主义则是在十月革命以后，确切地说是在五四运动后。十月革命的胜利使先进的中国人看到了马克思主义理论武器的威力，给他们指明了拯救中国的唯一正确的道路。因此他们决心"以俄为师"。李汉俊以极大的政治热情向中国人民宣传俄国革命与苏俄建设的情况。他热烈欢呼十月革命，指出俄国革命使"世界实在向无产阶级的解放一方面，正在突飞猛进"[①]。1920年元旦，在《星期评论》上发行了"新年号"。作为"新年词"的是《红色的新年》白话诗，它以"拿锤儿"的工人和"拿锄儿"的农民的口吻，抒写出中国人民对十月革命胜利的憧憬。他们"朦朦胧胧地张眼一瞧，黑暗里突然地透出一线儿红。这是什么？——原来是北极下来的新潮，从近东卷到远东。那潮头上涌着无数的锤儿锄儿，直要锤匀锄光了世界的不平不公。呀，映

---

① 上海《民国日报》副刊《觉悟》，1919年9月5日。

着那初升的旭日光儿，一霎时遍地都红"。这是迄今发现的第一首直接歌颂十月革命的新诗。

1920年4月4日，苏维埃俄国政府致中国南北政府，宣布废止中俄不平等条约及将原俄国政府以掠夺手段向中国取得的各项权利一律无偿交还中国。4月11日，《星期评论》在第45号上，立即做出反应，赞美苏俄政府的正义举动是"人类以来空前的美举"，"在历史上从来没有这样伟大的事业！"它号召人们"从今以后，应该把注意点移到对俄问题上面。对俄问题，决不是对一国的问题，是对世界的问题"。

过了几天，李汉俊在《星期评论》上发表文章，歌颂俄国革命与苏俄建设成就。他还号召学习俄文，直接学习俄国的革命经验。他翻译了《俄罗斯同业组合运动》《我在新俄罗斯生活》《俄罗斯共和国产妇和婴儿及科学家》，以及萧伯纳赞美布尔什维克的《社会主义与劳动党》的演讲，用铁的事实驳斥了反动派对苏俄的种种攻击和诽谤，使中国人民透过浓雾看到了曙光。在他看来，中国要真正获得民族独立和解放，就必须砸碎旧的国家机器，走社会主义道路，建立苏俄式的劳农政权。

他在《劳农制度研究》（《共产党》第5号，1921年6月7日）里，第一次较为详尽地向中国人民介绍了苏俄劳农制度的产生、结构、运作等。他指出列宁领导的十月革命，实现了无产阶级独裁政治。这种政治制度是"根据阶级对立的事实，以产业的单位所举的代表做基础的"。在俄国革命中，具体产生了劳农会（苏维埃），"一切权力归劳农会"。

马克思主义在中国的初步传播给中国共产党的成立提供了思想条件。李汉俊十分重视对马克思主义的宣传，在《自由批评与社会问题》中将马克思主义形象地比喻为"择取方向时候的指南针"。"我们只要有了这个指南针，我们就可以随时施设，应机修正，不至于死守盲撞了。"他精通日、英、德、法等国语言，阅读了许多外文的马克思主义著作。他的马克思主义的水平，在当时具有初步共产主义思想的知识分子中也是出类拔萃的。

据不完全统计，从 1919 年到 1922 年他离开上海的这段时间里，他在《星期评论》《新青年》《共产党》等刊物上发表的传播马克思主义和新思想的文章和译文达 100 篇之多。翻译了《马格斯资本论入门》。他还帮助其他具有初步共产主义思想的知识分子传播马克思主义。他校对了《共产党宣言》。李达翻译《唯物史观》（上海中华书局 1921 年 5 月出版）遇到困难，他热情相助。李达在"译者附言"里致谢道："我有一句话要声明的，译者现在德文程度不高，上面所说的那些补遗的地方，大得了我的朋友李汉俊君的援助。"

## 发起上海共产党早期组织

在传播马克思主义之初，李汉俊与《星期评论》的同事戴季陶、沈玄庐是站在同一起跑线上的，为什么随着马克思主义在中国进一步的传播，他们却走上了不同的道路？根本的原因在对待革命实践上，在中国是否走俄国革命的道路和建立无产阶级政党等根本问题上，戴季陶等仅仅限于宣传，一遇到要将马克思主义与中国革命实践相结合时，便退出了"联合路线"，并很快蜕变成马克思主义的敌人。李汉俊则勇往直前，坚定不移地用马克思主义这个先进的思想武器投身到中华民族解放的斗争中去。作为马克思主义与中国革命实践相结合的最初成果就是产生了上海共产党早期组织。李汉俊是这个伟大成果的直接参加者。

陈独秀于 1920 年 2 月 19 日抵达上海，住在渔阳里 2 号（今南昌路 100 弄 2 号）。他立即到白尔路三益里与李汉俊等取得了联系，成为星期评论社的常客。他们住得很近（都在法租界），经常在一起，反复地谈，越谈越觉得有组织中国共产党的必要。作为第一步，他们在 5 月成立了马克思主义研究会，负责人是陈独秀，成员有李汉俊、沈玄庐、陈望道、施存统、俞秀松、沈雁冰、邵力子等。戴季陶、张东荪①参加了最初的活动，张东荪首先退出。马克思主义研究会的成立，加快了中国共产党的产生。

在中国共产党创建的过程中，始终得到列宁领导的共产国际的有力帮助。1919年3月，在列宁领导下于莫斯科建立了第三国际，成为世界无产阶级革命的司令部。同年中国爆发了五四运动，引起了共产国际的高度重视。1920年3月，共产国际派维经斯基②、库兹涅佐娃和翻译杨明斋来华。4月经李大钊介绍，维经斯基等一行从北京到上海，邀请新青年社、星期评论社、时事新报的陈独秀、李汉俊、戴季陶等举行座谈，向他们介绍了俄国十月革命、苏俄劳农专政等情况，并商讨发起中国共产党的问题。经过多次交谈，陈独秀、李汉俊等得出一致结论：走俄国人的路。这样中国共产党发起的事便被列入了日程。接着成立了马克思主义研究会，杨明斋直接参加了研究会。

同年7月19日，在上海举行了传播马克思主义的中国积极分子会议。陈独秀、李汉俊、沈玄庐等出席。会上，李汉俊和陈独秀等坚决赞成在中国建立无产阶级政党。不久李达从日本回国，在上海首先访问了陈独秀，他们谈起组织无产阶级政党的事。陈告诉他，自己和李汉俊正在准备发起组织中共，并邀请李达参加，做了发起人。同年8月，上海共产党早期组织在渔阳里2号《新青年》编辑部成立。最初的发起人共五人，他们是陈独秀、李汉俊、俞秀松、施存统、陈公培。这五人中，李汉俊、施存统、俞秀松三人均

---

① 张东荪（1886—1973），原名张万田，字圣心。浙江杭县（今余杭）人，早年留学日本，入东京帝国大学。民国后，加入进步党、研究系，担任《时事新报》的主编。1919年创办《解放与改造》。在五四运动时期，宣传基尔特社会主义，反对马克思主义。后参加中国国家社会党、中国民主同盟。新中国成立后，历任中央人民政府委员、全国政协委员、政务院文化教育委员会委员等职。1973年6月病逝。
② 维经斯基（1893—1953），全名格里高利·纳乌莫维奇·维经斯基，又名查尔欣。俄国维切布斯克州人。早年加入美国社会党。十月革命胜利后，返回苏俄。1920年1月在海参崴参加俄共（布）东方人民部的工作，通晓英文，被派往中国，曾用名"吴廷康"，笔名魏琴、卫金等。1953年在莫斯科病逝。

为星期评论社的人，所以瞿秋白在《中国党史纲要大纲》中将《星期评论》称为中共成立的"细胞"之一，是很有道理的①。上海共产党早期组织成立时，李汉俊起草了一个类似党纲的文件，写在两张八行格纸上，"所谓党纲，只有'劳工专政'、'生产合作'八个字"。陈独秀为书记。戴季陶参加了最初的活动，后以与孙中山的关系为由，没有参加上海共产党早期组织。不久，李达、陈望道、沈玄庐、周佛海、袁振英、李季、林伯渠、李启汉、李中、沈泽民等加入，共有党员十五人。

上海共产党早期组织是中国第一个共产党组织，担负起发起中国共产党的重任。李汉俊是该组织的第二号人物。同年12月陈独秀去广州担任广东教育委员会委员长后，李汉俊成为代理书记。上海共产党早期组织在陈独秀和李汉俊的领导下，积极开展各项活动，加快建立中国共产党的历史进程。

第一，创办革命刊物。如前所述，上海共产党早期组织成立后，立即创办了工人周刊《劳动界》。8月，《新青年》便成为该组织的机关刊物。11月，《共产党》月刊宣布诞生，该月刊是半公开理论杂志。上海共产党早期组织还积极支持上海《民国日报》副刊《觉悟》。他们吸收邵力子参加上海共产党早期组织，在组织的帮助下，副刊《觉悟》成为我国马克思主义初期传播的主要阵地之一，为当时全国著名的三大副刊之一（其余为《晨报》副刊、《时事新报》副刊《学灯》）。

第二，翻译马克思主义著作，进一步传播马克思主义。此时新青年社成为中国共产党的第一个出版机构，有计划地出版了"社会主义小丛书""新青年丛书"，先后翻译出版了《共产党宣言》、《马格斯资本论入门》、《阶级争斗》（恽代英翻译）、《社会主义史》、《唯物史观解说》等。在传播马克思主义时，上海共产党早期组织还在思想战线上与反马克思主

---

① 中央档案馆编：《中共党史报告选编》，中共中央党校出版社1982年版，第200页。

义的思潮展开了坚决斗争。这时主要进行了对无政府主义和基尔特社会主义的批判。李汉俊在后一场较量中，发挥了十分重要的作用。

第三，上海共产党早期组织成立后，立即将全部精力投入到工人运动中去，将马克思主义与工人运动相结合。具体内容请见本书第五章第一节。

第四，建立社会主义青年团。上海共产党早期组织成立之后，为了团结教育广大进步青年，陈独秀、李汉俊等决定建立上海社会主义青年团。1920年8月22日，该组织在渔阳里6号成立。李汉俊是发起人之一，上海共产党早期组织的最年轻的成员俞秀松担任第一任书记。接着在团机关所在地又成立了外国语学社，李汉俊担任教员。该校既是上海共产党早期组织和社会主义青年团活动的地方，也是中国共产党第一所培养干部的学校，在10个月的时间，输送了二三十名团员赴苏俄学习。这批人中有一些后来成为中共最高层人物，如刘少奇、任弼时、罗亦农等。

第五，联络与推进各地建立共产党早期组织，积极筹备中共一大。上海共产党早期组织对推动各地共产党早期组织的建立，起到了十分关键的作用。这个工作，根据现有的材料，主要是由陈独秀和李汉俊进行的。陈独秀与李大钊等联系后，产生了北京共产党早期组织（1920年10月），继而陈独秀到广州，亲自领导成立了广州共产党早期组织。他还与济南、长沙等地具有初步共产主义思想的知识分子取得联系，使上述两地的共产党早期组织很快诞生。陈独秀还指定施存统为旅日共产党早期组织的负责人。

李汉俊的杰出贡献主要有三：首先协助陈独秀，帮助武汉共产党早期组织的建立。陈独秀与湖北籍的刘伯垂在日本时就相识，他在上海介绍刘加入党组织，叫他回武汉发展组织。李汉俊先是写信给同乡董必武，后又亲自返回桑梓，并与刘伯垂介绍董加入党组织。同年秋，董必武与刘伯垂、包惠僧、陈潭秋等发起成立了武汉共产党早期组织。不久，李又介绍维经斯基的助手马迈耶夫夫妇来到武汉，住在董必武的寓所，以教英文为掩护，协助湖北党组织开展工作。

其次，李汉俊在任上海共产党早期组织的代理书记时，全面担负起领导重任，进一步促进中国共产党的诞生。大约在这个时候，陈独秀为了召开党的成立大会，将草拟的党纲寄给李汉俊等征求意见。这份党纲草稿中有一条写的是集权制，由于李汉俊平常对陈独秀的专断作风不满，因而反对集权制而主张分权制。他的这种错误的提法又导致了错误的行动，辞去了代理书记的职务，由李达担任。这个行动虽然没有造成上海共产党早期组织的分裂，但在他们的相互关系上无疑投下了阴影。

最后，他虽然不担任领导职务，但十分热情地支持李达的工作，积极协助，为中国共产党的第一次代表大会的召开作出了杰出贡献。

在李汉俊担任上海共产党早期组织代理书记时，他介绍了一个叫沈德鸿（字雁冰）的年轻人入党。这位年轻人出身于浙江桐乡县乌镇的一个中医世家。1916年夏，沈雁冰从北京来到上海，经商务印书馆北京分馆经理孙伯恒的介绍到商务印书馆谋生，被安排在编译所英文部。后来担任《学生杂志》编辑，其间写一些科学小品，并被俄国文学所吸引。五四运动爆发后，在新文化运动的推动下，开始专注文学，主要翻译和介绍了大量外国文学作品。1920年初，主持《小说月报》的编辑事务。他从第12期开始对《小说月报》实行了全面革新，使之成为五四时期我国新文学的一个重要阵地。

陈独秀到上海后，沈雁冰因在新文学中已崭露头角，引起了陈、李的注意，他们请这位年轻人到陈独秀的寓所商谈关于中国革命的问题。1920年12月，沈雁冰应李达的约稿，在《共产党》上翻译了《共产主义是什么》等文章，通过翻译，他对共产党有了进一步的认识，次年春，由李汉俊介绍加入上海共产党早期组织，成为中国共产党最早的党员之一。他经常约李汉俊为《小说月报》写稿，尽管李汉俊非常忙，但还是抽出时间，或译或述，用海镜、厂晶等笔名，在《小说月报》上发表文学评论，为中国无产阶级新文学作出了贡献。

1922年他们在上海分手后，就再也没有见面。五年后，他们相逢在大革命的中心——武汉时，沈雁冰时任武汉中央军校教官，主编国共合作的《汉口民国日报》。李汉俊当然不知道，这位经他介绍入党的青年，后来以"茅盾"的笔名，创作了《子夜》等不朽名著，成为中国新文学的奠基人之一。李汉俊的介绍，使沈雁冰一生与中国共产党紧紧地联系在一起，虽然在大革命失败后，沈雁冰与党失去了联系，并在以后漫长的不平凡的岁月里，经历了各种磨难，但他从来没有后悔年轻时的这一选择。直到暮年，在走到生命尽头的时候，1981年3月14日，他向党中央写信："在这最后的时刻，我的心向着你们。为了共产主义的理想我追求和奋斗了一生，我请求中央在我死后，以党员的标准严格审查我一生的所作所为，功过是非。如蒙追认为光荣的中国共产党员，这将是我一生的最大荣耀！"13天后（3月27日），他在北京病逝。3月31日，中共中央作出关于恢复他党籍的决定，明确认定他"1921年就在上海先后参加共产主义小组和中国共产党，是我党的最早的一批党员之一"。

1921年6月3日，共产国际派出代表亨克·亨德立克斯·斯内夫利特（化名安得烈森·马林）乘"茵斯布鲁克号"轮船从意大利，经过新加坡抵达上海。他于1883年出生在荷兰鹿特丹的一个贫苦工人的家庭。早年参加荷兰社会民主党。1913年前往荷兰殖民地爪哇，次年建立东印度社会民主联盟（印尼共产党的前身）。由于他有东方革命的经验，在共产国际第二次代表大会期间，由列宁提议派遣他去华，其任务是研究远东各国的运动，与之建立联系，并就共产国际是否需要和可能在远东建立一个办事处做一些调查。接替维经斯基工作的远东局代表尼克尔斯基[①]也同时抵达。

---

① 尼克尔斯基(1898—1943)，原名涅伊曼－尼克尔斯基·符拉季米尔·阿勃拉莫维奇，即贝格·维克托·亚历山德罗维奇。俄国人。早年在赤塔商学院就读。1919—1920年在远东共和国人民军队里服役，后参加远东局的工作。1921年来华，曾到我国东北活动。1926年夏天，回到赤塔。1938年因被指控为托洛茨基反对派而被逮捕，1943年被错杀。后被恢复名誉。

马林在上海的公开身份是日本《东方经济学家》杂志的编辑，下榻在东方饭店32号房间。他的真实身份对荷兰当局和中国政府不是秘密，根据荷兰驻上海总领事给荷兰政府的报告来看，他的行动被严密地监视，但他还是机智地躲开了密探的跟踪，很快与上海共产党早期组织取得了联系。

马林与李达和李汉俊经过多次磋商，提出尽快召开中共一大的建议，得到了热烈的响应。随后，他们与陈独秀、李大钊紧密联系，决定成立中国共产党。接着，李达、李汉俊便发函通知各地共产党组织派两个代表来上海，参加党的成立大会。为了大会的顺利召开，李汉俊将自己与李书城的寓所提供给大会，作为会场之用。

通过交谈和接触，这位在1942年4月被德国法西斯杀害的共产主义战士对李汉俊留下了极深刻的印象，认为他是中国共产党内"最有理论修养的同志"①。在中共三大上，李汉俊虽然没有出席会议，但由于他的提名，大会选举李汉俊为中共第三届候补中央委员。

## 在中共一大上

1921年7月23日，上海法租界望志路106号（今兴业路76号），陆陆续续走进了多位中青年。他们穿戴不一，有长衫、有西装，其中还有两个外国人。这幢一楼一底的石库门楼房建于1920年，主人是李书城将军，这会儿他在长沙，参加反对湖北督军王占元的斗争。他年轻的弟弟作为主人十分热情地迎接远道来的客人。这批客人来自上海、北京、山东、湖北、湖南、广东和东京，他们是李达、毛泽东、何叔衡、董必武、陈潭秋、王尽美、邓恩铭、刘仁静、张国焘、陈公博、周佛海、包惠僧（受陈独秀派

---

① 《马林致共产国际的工作报告》，1923年5月31日，译自斯内夫利特档案第297/3060号。

遭）。那两个外国人就是马林和尼克尔斯基。

他们聚集在一个 18 平方米的屋子里。这间房间陈设很简朴，正中有一张大餐桌，四周围着一圈圆凳，桌上放着茶具和一对紫铜烟缸，还有一只饰有荷叶边的粉红色玻璃花瓶。东、西墙边安置了一只茶几和两张椅子。靠北墙的红漆板壁边，放置了一张两斗小桌。客人们和主人都十分兴奋，他们渴望了很久的一天终于来到了。这不是一般的聚会，他们来自不同的地方，代表 50 多名党员，汇集在这里，商讨改变近代中国命运的伟大事业。会议原定由陈独秀主持，因他在广州无法脱身，只好由北京代表张国焘主持，毛泽东与周佛海担任记录。

张国焘首先向大会报告会议的筹备经过，说明大会的主要任务是制订中国共产党的纲领和实际工作计划。接着马林讲话，他的语调平稳而有激情。他说：中国建立无产阶级政党，具有重大的世界意义，共产国际增添了一个东方支部，俄国布尔什维克增添了一个东方战友。希望中国同志们努力，接受共产国际的指导，为世界无产阶级联合起来，作出自己的贡献。他还介绍了共产国际工作状况和使命，提出了中国共产党的任务，以及自己在荷属东印度的活动和经验。大会围绕着党的纲领、奋斗目标等问题展开了热烈的讨论。

7 月 30 日，会场突然闯进一个不速之客。他鬼头鬼脑地探头看到满屋的人，忙说："对不起，我找错了人家。"马林有长期丰富的斗争经验，警惕性很高，立即说："此人可疑，会议立即停止，所有的人分途离开。"会议接受了他的建议，代表们迅速散去。李汉俊为了掩护同志们，冒着生命危险留下来应付。过了十几分钟，果然一群法国巡捕、警探蜂拥而至。一个巡捕用法语问道："你们开什么会？"

"我们在编辑新时代丛书，不是开会！"李汉俊以房主的身份，镇静地用法语回答。

"他们都是些什么人？"

"北京大学的教授。"

"那两个外国人是什么人？"

"也是北京大学的教授，趁暑假之便来上海谈谈。"

巡捕问不出什么破绽，便瞪起眼睛，指着书架问道："你们家为什么要藏这么多的社会主义书籍？"

李汉俊不慌不忙地回答："我兼任商务印书馆的编辑，什么书都要看。"

巡捕搜不到什么东西，只好悻悻离去。

最后一天的会议转移到浙江嘉兴南湖的一艘游船上继续进行。大会确定党的名称为"中国共产党"，制定了党的纲领，讨论了党的任务和今后的工作；选举产生了党的领导机构——中央局，陈独秀为书记，李达、张国焘分管宣传和组织工作。

中国共产党的诞生是开天辟地的大事变，给灾难深重的中国人民带来了光明和希望。它像光芒四射的灯塔，指明了中国人民的斗争道路，从此中国革命的面貌焕然一新。

在中共一大上，李汉俊还有一个大功劳，就是参与起草了"宣言"。在一大研究中，这是一个长期被忽视的问题，究其原因，是因为迄今没有发现"宣言"。根据一些当事人的回忆，大会讨论并通过了这个文件。最早见于文字的是1924年陈公博用英文写的《共产主义运动在中国》（中国社会科学出版社1982年7月出版）。他写道："另一个重要问题是未能发表第一个宣言。第一个宣言的原稿分两部分。第一部分描述了中国的政治经济状况，把这种状况的调查研究结果建立在马克思和恩格斯《共产党宣言》所阐发的理论基础上，极力主张进行社会革命的必要性。后一部分列举了北方政府和南方政府的罪恶。"该论文还明确说明宣言最后被大会通过，只是因为第二天另一项决议规定，宣言的发表问题授权给党中央决定，而党中央没有发表，这样"这个宣言的原稿遂不为世人所知"。

五年后，即1929年12月31日，董必武在苏联提出了同一个问题。

当时他不知道陈公博的论文（这份论文是 1960 年才被发现并出版的）。董必武在致一大另一个代表何叔衡的信中写道："报告（指宣言）是李汉俊和董必武起的草，经大会通过（这份材料不知国际还保存着没有）。"

后来在漫长的革命岁月里，董必武每当回忆一大时，就必然谈到这个问题。1937 年他在与美国记者海伦·斯诺的谈话中，回忆道：在一大上，"我们决定制定一个反对帝国主义、反对军阀的宣言。但是，党的这个最早的文件，我们是一份也没有了"①。在 1961 年中国共产党成立 40 周年前夕，他组织撰写了《中国共产党"一大"的主要问题》(《人民日报》1961 年 6 月 30 日)，专门论述这个问题。此外李达、包惠僧、张国焘等当事人均有回忆。

"宣言"的主要贡献，就在于依据马克思主义的历史唯物主义，初步分析了中国近代二元社会，明确地提出了"反对帝国主义""反对军阀"的政治纲领。这一提法表明年幼的中国共产党，从它诞生的第一天开始，就竭力将马克思主义与中国革命实践相结合，而且抓到了中国民主革命的主要矛盾。长期以来，一些中外中国现代史研究者依据已发现的一大通过的两个文件——《中国共产党第一个纲领》和《中国共产党第一个决议》中没有这方面的内容，就断定中共一大只反对资本主义，而无视反帝反封建斗争的任务。这一结论值得商榷。

"宣言"虽然尚待挖掘，但如果将视野置于五四新文化运动的整个历史背景来考察的话，那么"宣言"核心内容的提出就不是天外来客，而是中国具有初步共产主义思想的知识分子将马克思主义与中国革命实践相结合的最初结果，是历史与逻辑的统一。

首先，"帝国主义"这一名词在一大前已出现。早在 1901 年《清议报》全编第 15 册就有《论帝国主义之发达及 20 世纪世界之前途》的文章，"帝

---

① 中国社会科学院现代史研究室等编：《"一大"前后》(二)，人民出版社 1980 年版，第 293 页。

国主义（Imperialism）之名，何自方乎？乃起于当时拿破仑党之欲谋恢复党政，故称其主义为 Imperialism（Opinion des Imperialistes），此真帝国主义也。至今日之所谓帝国主义，实大有不同。如北亚美利加洲所行之帝国主义，乃膨胀主义也，扩张版图也，侵略主义。总言之，今世界之帝国主义，实狄塔偏 Dick Turpin 主义，即强盗主义也"。在文章中，作者具体地分析了英美德三国帝国主义，还指出"俄、法向来皆是帝国主义，日本之政策是唯欧洲之趋势是视"。由此可见，该文指的帝国主义国家与列宁的帝国主义国家是同一对象。

在中国具有初步共产主义思想的知识分子中最早用马克思主义观点剖析帝国主义的是李大钊。他在《庶民的胜利》（《新青年》第 5 卷第 5 号，1918 年 11 月 15 日）一文里，就认识到第一次世界大战是"资本家政府的战争"。资本家政府企图靠这场战争，"把国家界限打破，拿自己的国家做中心，建一世界的大帝国"。文章里虽然没有用"帝国主义"这个名词，但以上的分析实际上已触及帝国主义是世界战争策源地这一科学命题。五四运动后，早期马克思主义者对帝国主义的认识更深了一步，在众多的文章里，"军国主义""资本主义""强盗阶级"等虽然称谓有别，但实与帝国主义同一个概念。例如在《俄国劳农政府通告的真义》（《星期评论》第 45 号，1920 年 4 月 11 日）的文章中，就有"武力主义及资本的帝国主义"的用法。有资料表明，中国早期马克思主义者已接触到了列宁的帝国主义的理论。《共产党》月刊第 1 号就有了列宁的《帝国主义是资本主义的末日》（即《帝国主义是资本主义的最高阶段》）的书名。中共一大后的 9 月，从《新青年》刊登的《人民出版社通告》得知，这本书已列入该社的出书计划。

"宣言"的起草人之一李汉俊已接触到帝国主义的理论。在他参加的《星期评论》杂志中，已出现"帝国主义"的名词。在《劳动运动的发生及其归趣》（《星期评论》第 41 号，1920 年 3 月 14 日）和《上海的同盟罢工》

(《星期评论》"劳动纪念号",1920年5月1日)中指出帝国主义是"以占领原料地和消费地为目的军国主义,以垄断贩卖的市场为目的"。它是世界万恶之源。它的主要特点之一,就是侵略、奴役弱小民族,垄断它们的经济、政治,使包括中国在内的被奴役国家的人民陷入"世界的工奴""世界的农奴"的悲惨境地。在《强盗阶级底成立》中,他则明确指出帝国主义就是强盗阶级,并且用马克思主义的政治经济学原理和列宁的帝国主义理论来分析中国社会,"在欧美日本之经济的帝国主义,侵到中国来,以国家底威力,强迫着和中国人做交易;强迫着中国开放市场,消费他们那一种剩余生产品"。这些是具有初步共产主义思想的知识分子用列宁的帝国主义理论分析世界形势的最初尝试,向中国人民提供了最先进的思想武器。

其次,从整体上认识帝国主义和军阀。中国人民通过甲午战争到五四运动,对日本帝国主义有了较深刻的认识,而对英美帝国主义的认识较模糊。早期马克思主义者针对这种情况,指出"帝国主义,不论他是东方的、欧美的,绝讲不出公道话来"。帝国主义"用伟大的经济力,挟着他们的保护商业政策和可怕的杀人的军备做后盾,把中国变成了国际掠夺阶级的公共半殖民地"[1]。中国军阀是帝国主义的"附庸",是中国社会的"恶魔"。它和帝国主义相勾结,是造成中国内乱的"祸首"。军阀是反动的群体,无论是段祺瑞、徐树铮、张作霖这些日本帝国主义的"基本队",还是英美帝国主义的走卒长江三督都是军阀。因此中国革命有着双重任务,就是对外打倒帝国主义,"实行民族自决"[2];对内打倒军阀。

在一大前一个月,在汉口印行的田诚《共产主义与知识阶级》中指出,中国不仅要"推翻军阀",更要推翻国际资本主义制度。在一大召开的同月,《共产党》月刊十分明确地指出,中国当前的危机就是"强盗的列国"的宰割和"政客军阀"的掠夺压迫。中国人民自救的方法,就是"扑灭世

---

[1] 田诚:《共产主义与知识阶级》,汉口印行1921年版,第1页。
[2] 《李大钊选集》,人民出版社1978年版,第282—1214页。

界资本主义","举行社会革命建设劳工专政的国家"。在中国共产党成立的第二个月,李汉俊在上海《民国日报》8月14日上发表《冤哉枉也!》的文章,响亮地提出"打倒军阀"的战斗口号。以上这些就绝非偶然。在这个问题上最有说服力的证明是在《中国共产党第一次代表大会》①的文件上,十分清楚地指出,在一大上,讨论实际工作计划时,明确地提出"我国的军阀就是社会上一切其他阶级的敌人"。

最后,不应该将资本主义与帝国主义对立起来。在列宁那里,帝国主义是资本主义的最高阶段。中国最早的马克思主义者当然也是这样认识的,他们将帝国主义看成是资本主义的一个阶段,所以他们更多地用资本主义这个词,他们所说的扑灭世界资本主义,当然首先指的是英美日德等帝国主义国家,同时也包括中国的军阀和政客、资本家,这是他们认识问题的局限性。由此可见在一大上已经具备了提出反帝反封建的思想基础。问题是中国早期的马克思主义者虽然看到了中国社会的主要矛盾,但还没有认识到中国革命的民主性质,因而提出中国革命"只有直接向社会主义走去的一条路"②。这说明年幼的中国共产党对中国革命的认识还处在感性认识的层面上,直到第二年,随着列宁的民族殖民地革命理论传入中国后,并在共产国际的帮助下,在中共二大上才正确地解决了这个问题。

在一大上,李汉俊被指控为"合法马克思主义派"的代表,代表了右的方面。一大对一些问题产生过争论,最早见之于文字是1921年下半年《中国共产党第一次代表大会》的俄文文件,它没有给不同的观点扣帽子,只是摆出争论的观点,主要是"党员能否得到执行委员会许可做国会议员"和工人斗争手段的问题。

一种意见是"我们的党员做官没有任何危险,并且建议挑选党员加入

---

① 中国社会科学院现代史研究室等编:《"一大"前后》(一),人民出版社1980年版,第23页。
② 李汉俊:《我们如何使中国底混乱赶快终止?》,《社会主义讨论集》,新青年社1922年版,第365页。

国会，以使他们在党的领导下进行工作"。"我们必须把公开的和秘密的工作结合起来。如果我们不相信在24小时内可以把国家消灭掉，不相信总罢工会把资本家镇压下去，那么政治活动就是必要的。起义的机会不会常有，它很少到来，可是我们在平时要做准备。我们应该改善工人的状况，扩大他们的眼界，引导他们参加革命斗争和争取出版自由、集会自由的斗争。因为公开宣传我们的理论，是取得成就的绝对必要条件。而利用同其他被压迫党派在国会中的共同行动，也可以部分地取得成就。但是，我们要向人民指出：希望在旧制度的范围内建立新社会是无益的，即使试做一下也是无益的。工人阶级必须自己解放自己，因为不能强迫他们进行革命。否则，他们会对国会抱有幻想，采取和平的方式，而不采用彻底的手段。"[①]

1924年陈公博在《共产主义运动在中国》里也有记载，他说大会上，围绕着党员能否做官和各种议员，特别是学校校长是否官吏，展开了"激烈的争论"。有一种意见认为："教育职业不应看作是做官，而且在党还年青的时候，党员应在凡能活动的地方积极活动，不管他们是什么职业，即使是在政府职位上也好。"

另一个争论的问题是如何看待孙中山的南方政府。有一种意见认为，"尽管国民党的纲领有许多错误观点，但它暂时还是多少代表了新的趋势。孙博士所提倡民生主义类似国家社会主义。另一方面，多数代表主张，因为很多国民党员反对共产党。所以南方政府应当推翻"。

以上材料说明一大上有过争论，但还无法确定李汉俊的观点。

1926年蔡和森在《中国共产党史的发展（提纲）》里，第一次给李汉俊扣上"合法的马克思主义派""经济派""少数派"的帽子。蔡和森没有参加一大，也没有谈一大的争论，但他是在介绍建党初期时讲这些话的，而且这个结论产生过很大的影响，所以是一份重要的佐证材料。

---

[①] 中国社会科学院现代史研究室等编：《"一大"前后》（一），人民出版社1980年版，第21—22页。

1927年7月，周佛海在他那臭名昭著的《逃出赤都武汉》（载《海涛》周刊，1927年第10期）上，谈到一大，"当时内中就分了两派，张国焘、刘仁静等自命真正的共产党，而攻击李汉俊和我是灰色的"。

1929年12月，董必武在关于一大的信中，写道："议事日程中有职工运动，对别党的关系，和在政府做事务官等问题，都有争论。职工运动有的主张职业组合，有的主张产业组合，决议是产业组合（谁是怎样的主张，记不清楚）。对别党的关系，有人主张共产党员必须与其他政党脱离关系；有人主张共产党员非得到党的许可，不得兼充其他政党的党员；决议是不准党员跨任何党籍。关于在政府做事务官的问题，有人主张绝对不允许，有的主张得党部允可才可做事务官，决议是绝对不允许。后面两个问题，大约是上海方面的代表和决议案的精神不甚一致。"

1936年陈潭秋在《第一次代表大会的回忆》中有更详尽的记录。他指出，大会对于党的基本任务与组织原则曾经发生过严重的争论。"一方面是以李汉俊为首的'公开马克思主义派'。他认为中国无产阶级太幼稚，不懂马克思主义，须要长期的宣传教育工作，因此，不赞成组织真正无产阶级的政党，并且不主张为实现无产阶级专政而奋斗，而主张实现资产阶级民主政治，在资产阶级民主制下，再来公开地组织和教育无产阶级。所以他不主张立即进行职工会的组织，而要集中力量做学生运动与文化宣传工作，首先把知识分子组织好，施以马克思主义的理论教育，等候马克思主义在中国知识分子中有了普遍的影响，然后由这些知识分子去组织工人，教育工人。因此他不赞成组织严密的、战斗的工人政党……基于同样的观点，他提出党员的条件是不论成分，学生也好，大学教授也好，只要他信仰马克思主义，了解马克思主义与宣传马克思主义的即可入党，至于是否实际参加党的一定组织担负党的一定工作，他认为是不关重要的。当时李达与陈公博拥护李汉俊的观点。"

根据以上文件和当事人的早期回忆，再参考新中国成立后，董必武、李达、包惠僧等人的回忆，李汉俊在一大上的观点就基本清楚了。笔者的结论是李汉俊的主张基本正确。

首先，他被指控为"合法马克思主义派"不成立。这是将俄国早期社会主义运动的一个小派别套在中国的早期的共产主义运动中，根本不适合中国的情况。这种套用从思维方法上就是一种教条，当时中国共产党刚刚诞生，李汉俊即使有错误观点，也没有形成系统。中国共产党历史也已证明党内从来就没有什么"合法马克思主义派"。

其次，陈潭秋的回忆与《中国共产党第一次代表大会》和董必武1929年的信在内容和语气上都有明显的不同。影响陈潭秋的回忆，除了回忆的角度等客观因素外，主要还有两点：其一，他的回忆显然受到共产国际内部斗争和党内路线斗争的影响；其二，李汉俊在1924年被党除名，生前发表过"反共"的言论。这样就必然对他的回忆产生影响。董必武对回忆材料则十分谨慎，在一次讲话时说："关于'一大'的情况，陈潭秋写过回忆，是到延安写的。后来李达也写过回忆，两个人写的不完全一样，有时候距离很大。""回忆那时的事，难于摆脱现在的思想意识，如果加上现在的思想就不一定可靠。"[①]因此笔者认为在没有新资料公布之前，应以《中国共产党第一次代表大会》为主要依据。

根据这份文件，李汉俊的意见没有原则上的错误。从统一战线的角度，共产党员经过党的批准或领导，参加国会，或到政府中做官没有错，是一种必要的斗争手段。中国共产党后来规定党团员以个人的身份参加国民党，实现了首次国共合作。从某种意义上讲，在统一战线里，"做官"就是争夺革命领导权。但1927年国民党内反动集团叛变革命，残酷屠杀共产党人和革命人民，由于党内以陈独秀为代表的右倾思想发展为右倾机会主义错误并在党的领导机关中占了统治地位，党和人民不能组织有效抵抗，致

---

① 中国社会科学院现代史研究室等编：《"一大"前后》（二），人民出版社1980年版，第366—367页。

使大革命在强大的敌人突然袭击下惨遭失败。因此党引导工人进行合法、公开的斗争是必要的。公开斗争和秘密的工作结合起来，是一个成熟党的基本策略。李汉俊在主张合法斗争的同时，特别强调："我们要向人民指出：希望在旧制度的范围内建立新社会是无益的，即使试做一下也是无益的。"他要求工人阶级必须自己解放自己，不要对国会抱有幻想，"采取和平的方式，而不采取彻底的手段"。

再次，李汉俊在一大上虽然没有留下任何文字资料，但他在一大前后的言行可以成为这个问题的很好的诠释。大量的资料均已证明，李汉俊是坚决主张在中国建立无产阶级政党，所以他成为中国共产党的发起人之一。在建党的同时，他还在思想路线上与非马克思主义进行了不屈不挠的斗争。他在《劳农制度研究》中热情地宣传了无产阶级革命的"独裁政治"。由此看来，说他反对无产阶级专政，拥护资产阶级民主是不实之词。马克思主义从来就不会在工人阶级中自发产生，要由革命知识分子从外面灌输进去。这是马克思主义的观点。李汉俊确实十分重视革命知识分子的作用，重视马克思主义的宣传。但他并没有"用一切力量去发展学生运动和文化教育工作"。相反他强调革命知识分子到工人群众中去，并身体力行，成为中国具有初步共产主义思想的知识分子中最早与工人相结合的先驱者之一。

最后，党中央纠正了他在中共一大上受到的不正确批评。中国共产党第三次全国代表大会后，马林托李大钊给李汉俊一封信，明确地指出，在中国共产党第一次全国代表大会上，"对你的态度是错误的，在那时候我已经表示了这种意见，并且自那时以后说过多次。现在，我们的同志都同意这种意见"[1]。

---

[1] 马林致李汉俊的信，《广东革命历史文件汇集》1921—1926（甲），中央档案馆、广东省档案馆1982年10月印刷，第9—10页。此信现存中央档案馆，没有落款，据考证是马林所写。

## 坚信马克思主义志不移

一大后，李汉俊主要从事于理论宣传。1922年元旦，他在上海《民国日报》上发表了《中国底乱源及其归宿》《我们如何使中国底混乱赶快终止？》（他还计划写《如何使中国赶快上社会主义的路上去！》，可惜没有发表），这两篇文章是他将马克思主义初步与中国革命实践相结合的产物。

首先，李汉俊用唯物史观，指出中国近代社会的成因。中国原是一个以农业为主体的封建帝国，但鸦片战争后，西方列强的入侵，打乱了中国传统的社会秩序，其社会结构发生了很大变化。由于"新式"的生产工具、生产技术的输入，中国开始了急速的进化（有时他用进步）和淘汰，"机械工业正在征服手工业，新式交通机关正在征服旧式交通机关，君主立宪主义曾征服了笼统的保皇主义，第三阶级民主主义曾征服了君主立宪主义，民主派曾征服了洪宪和复辟，第三阶级曾征服了贵族阶级，新文学正在征服旧文学，爱国主义正在征服卖国主义，社会主义正在征服资本主义"。这是一种时代的进步，是中国社会进步的希望，"丝毫没有悲观绝望的必要"。

其次，中国已经不是闭关自守、孤立的国家，它与世界紧紧联系在一起，特别是与社会主义运动紧紧联系在一起，成为"世界这大社会底一局部"。"中国自鸦片战争以后发生的种种变动，就是追随世界进化的表现"。这个认识引申出两层含义：其一，针对基尔特社会主义以中国没有劳动者，因而也就不可能有社会主义意志，他驳斥了这种谬论后，指出人的行动是靠人的意志来支配的，人的意志固然与生产力的发展水平相适应，但劳动者的意志是没有国界的。中国的生产力虽然还很落后，"但因先进各国底人民在资本主义制度之下充分发展的产业底下受了痛苦的教训"而发生的社会主义意志，也必然影响中国，在中国人民中发生。其二，中国到近代已经远远地落后于世界，中国要迅速地赶上去，就必须跟上世界的进化的程度，完全不必经过资本主义阶段，而直接走社会主义道路。由于俄国十月革命，加速了世界资本主义的"崩坏"，中国就应该学习俄国革命的经验，"急速的进化"到社会主义。

最后，对中国资产阶级进行了初步的探讨。他是将中国资产阶级置于世界资产阶级的大框架中进行考察的，因此将中国的资产阶级作为革命的主要对象。但他看到了中国资产阶级与帝国主义、封建主义之间的矛盾。中国资产阶级要争夺市场，"自然要与封建贵族争斗，以期推翻封建制度"。他们"自然要在政治上要求第三阶级的'德谟克拉西'"。世界资产阶级为了"图谋占领中国这个市场"，"于是中国底资本阶级又与世界底资产阶级在中国市场发生了争夺战"。这场战争十分复杂，帝国主义要占领中国市场，就"去帮助中国底封建贵族"，去对付中国的资产阶级。由于帝国主义各国都要"独占中国的市场"，于是他们又各自"援助中国底资本阶级，以期合占中国底市场"。帝国主义是反复无常的，他们随着形势的变化，时而援助贵族，时而援助资产阶级，造成中国的内乱"无止境"。

中国资产阶级"没有充分发展的可能"。李汉俊站在世界革命大势的高度来审视，从三个层面去认识。第一，世界资产阶级要占领中国市场，必然"援助"封建主义，共同压迫中国的资产阶级，使它"终陷于不死不活的状态"。第二，俄国十月革命后，社会主义"革命的机运已经成就"，世界资本主义已经"崩坏"。"资本主义要在中国发展，也必蹈从前一切现象底覆辙，等不到结果就要入蝉蜕的。"第三，中国社会要急速地进化，赶上世界进化的步伐，就"非直接向社会主义路上走去不可"。"向资本主义的路上走下去，是逆而必败之道；向社会主义的路上走下去，是顺而必胜之道。"

他在进行理论研究的同时，还积极参加党的革命活动。1922年1月28日，即农历正月初一，他与上海地区的共产党员和社会主义青年团员共100多人，工人50多人。走上街头，散发了写有鼓吹共产主义内容的"贺年帖"6万余张。上海市一片惊呼：共产主义到上海来了！

不久，他离开了党中央，返回到故乡——武汉。这是他政治生涯的一个转折点。从此，他与党的关系就逐渐疏远，以致后来擅自脱党，铸成他政治上的一个大错误。他为什么要离开党中央呢？由于缺乏第一手资料，这个问题很难搞清楚。但一些当事人留下了回忆录，可供参考。

茅盾回忆道："'一大'后，李汉俊与陈独秀、张国焘，也与国际代表，在建党问题上意见分歧，李的知识分子的高傲气质很重，坚持个人的独立见解，对一切听从国际代表的作法，很不以为然；争论结果，就负气脱党回武汉去了。"[1]

包惠僧认为那时有一个张国焘小派别，李汉俊除了自己的政治观点外，受到张国焘的排斥也是原因之一。

张国焘在回忆录中有一个表白，在一大上，"我是批评李汉俊的意见的主要发言人，也是这些议案的提出者；因此，有些代表认为这是我与李汉俊之争"[2]。

在李汉俊离开上海的前夕，他在上海《民国日报》上（1922年2月2—6日），发表了一篇长文，篇名《读张闻天先生底〈中国底乱源及其解决〉》。文章是针对张闻天于同年1月5—6日在《民国日报》上发表的《中国底乱源及其解决》而写的，但文章的后半部，借题发挥详谈了两个问题。第一个问题是政党问题。张闻天在他的文章里对组织党提出了四个条件：有一定的党纲；有健全而且严密的组织；每个党员对于党内所决定有绝对奉行的义务；党员之间应有十分的谅解和同情，但发现某党员以本党为个

---

[1] 茅盾：《我走过的道路》（上），人民文学出版社1981年版，第178页。
[2] 张国焘：《我的回忆》，现代史料编刊社1980年版，第141页。

人名利的手段时，应毫不留情地驱逐之。

李汉俊对张的这四个条件，"及对于党底活动所提的意见，我也极表赞成，不过我对于中国人组织团体，还有点意见，想借这机会说一下"。他觉得中国人有五大毛病影响建立组织强有力的团体。这就是"猜疑心太深""责任心太薄""界限不清""公私混淆""责任不明"。他说："大凡一个团体里面，越是有力量的分子，能够作事的分子，热心的分子，越容易招人猜疑。""如果一切团体员不抛弃这惯于尽量作恶意解释的态度"，那么团体就非被猜疑心所消灭不可。在文章中，引人注意的是，他还专门谈到受猜疑的人，"必至于采取三种态度"：第一是"他们愤而积极破坏团体"；第二是他们退出团体；第三是他们采取消极的态度，不退出团体，也不破坏，也不做事。无论哪一种都是对团体有害的。

"责任心太薄。"所谓"责任心太薄"就是有人对某些团体成员的猜疑，不是在集会上负责任地提出来，而是"鬼鬼祟祟地私相传播"。他强调对团体的每一个成员首先应做十分之九的"善意"的理解，但绝不能对他们的错误进行迁就，要向他们"负责任"地提出质问，要求他们做出解释（解释的方式也可以通过私人感情加以"劝诫"），必要时，可以给予处分。这样既可加强团体的战斗性，而且又可使犯错误的团体员能够反省。

"界限不清。"所谓"界限不清"就是对团体员在没有离开团体之前，就应该视为同志，那么对同志的任何怀疑，就应该负责任地在团体集会上提出批评，直至要求给予处分。而有些人界限不清，"一方面又不肯负责任提出团体集会处分，使这团体员在表面上还是同志；弄得团体里面生出许多是同志非同志的团体员来"。

"公私混淆。"所谓"公私混淆"就是将个人与团体之间的关系不分。人是有感情的动物，又各有各的主张，而团体是"以主义为中心"的。"团体是以主义而立，个人是以主义而集，我们不应当以个人的感情而设立以主义集合的团体，亦不应当以个人感情底桀傲而影响及于应以主义为中心的团体。"这当中不能以感情作为衡量标准,不能因为彼此感情好,就让在主义上不能做同志的团体员,继续留在团体内;同样也不能因为彼此感情坏,就将在主义上还能做同志的团体员加以排挤。此外,团体员在团体内,向另一个团体员提出质问,乃至于提出给予处分,是他的权利和义务,那个被质问的团体员不应"因此而怀恨"。

"责任不明。"这讲的是团体员与办事员之间的责任应该分清楚。团体员对团体的主义和事务要"负全部责任","办事员不过为团体事务容易进行而设"。办事员是由团体员选举出来的,团体员在选举办事员时,必须考虑被选举者是否实现主义,执行政策,以及有无能力;同时要注意那些"心术不正"的人。一个团体内,在政策上有分歧,如果不能一致通过,"只能以大多数为标准,少数反对者自然也只能以服从多数为义务"。

第二个问题是主义。他以十分明确的语言表示:"只有马克思主义是最合理最完全的系统","我是绝对承受马克斯主义底系统"。他指出这是"一个浑然的有机完体,是不能任意取舍的"。他认为马克思主义分有四个部分,即唯物史观说、经济学说、阶级争斗说、社会主义民主。前三部分是马克思主义的理论部分,后者是马克思主义的政策部分。"四大部分之中无论缺少了哪一部分",马克思主义就成为不可解。因此对马克思主义要将它作为系统来对待,不能断章取义地用其中的一部分,而不用另一部分。

马克思主义是"活的东西",不能死死地"抱着",但决不能以此而自由"伸缩"。马克思主义自然随着时代的变化而变化,"到中国要成为什么呢?""这就要靠我们中国人底努力了。我们努力底结果,或者能够造出什么来。"这再一次表明中国第一代马克思主义者在传播马克思主义之初,就尽力找出马克思主义与中国文化、中国现代历史时空的结合点,虽然最初的探索存在严重缺陷,还没有找到正确的结合点,但他的这番话恐怕是马克思主义中国化提法的起点。

以上两个问题应该是有感而发的吧。如果是这样的话，我们就能够较为清楚地看到他那痛苦、矛盾的心迹。他在党内受到打击时，再次肯定马克思主义的信仰，具有十分重要的意义，表明了他坚定的政治立场。他和党内的同志不是主义的分歧，而是政策上的不同，加上个别"心术不正"者的推波助澜，使问题更加复杂化。如何正确对待党内斗争呢？当时谁也没有经验，党内也没有什么组织生活，普遍缺乏组织观念。从李汉俊所论述的第一个问题看，他还是希望尽量将个人与组织的关系摆在一个正确的位置上，可惜他理论与实际脱节，不能正确对待党内思想斗争，最终负气而走。从党内生活的角度上讲，他是缺乏组织原则的，这也为他后来脱党埋下了隐患。同时应该强调的是他对政党组织原则路向的揭示，构成了中共党建思想的最初内容。

第四章
CHAPTER FOUR

# 时事评论和文学艺术

## 时事评论

李汉俊首先是以一个编辑的身份登上历史舞台的,这本身就说明他对舆论阵地重视的程度。他的近代舆论意识取向是建立在唯物史观基础上的,所以他观照现实的洞察力就十分深刻,对世界和国内发生的事件能够迅速做出正确的分析和科学的判断,抓住事物的本质和发展趋向。因此他对时局的评论显示出理性的自觉,深刻而有预见性,通过对扑朔迷离事件的剖析,揭示了历史运行的客观规律,给人以改造社会的力量和指明了前进的方向。

五四运动后,时局混乱,如何透过迷雾般的政局,清晰地认识改造中国的必由之路是至关重要的。李汉俊在《星期评论》、上海《民国日报》等报刊上发表了许多时事评论,引导人民拨开迷雾,投入争取民族解放的斗争中去。

他时评所选择的题材尽管多样化,但都是紧紧围绕着国人最关心的改造社会这个中心而展开的。帝国主义是中国革命的首要罪魁。如前所述,他对帝国主义进行了正确的审视,尤其从经济层面分析了它的垄断性,指出它不仅垄断了生产资料、交易市场,而且也要垄断殖民地国家的一切。很显然这种认识是受到列宁帝国主义理论的启发。他不仅从理论上剖析帝国主义的本质,而且还结合动荡的时局揭露帝国主义的侵略野心。

日本是中国的近邻,从明治维新以后,就逐渐形成了向外扩张的大陆政策,中国成了它向外扩张的主要对象,给中日近代关系蒙上了战争的阴影。从甲午战争开始,几乎近代中国的每一次民族灾难,都与日本军国主义有关,有时它还是元凶。

李汉俊对日本的每一个举动都是十分关注的,并及时加以揭露。在远东，日本军国主义妄图主宰一切。俄国革命胜利后，白俄军官谢米诺夫占据了西伯利亚，活动十分猖獗。他之所以形成势力，这与日本军国主义有密切关系。日本军国主义向谢米诺夫提供军官和武器，使之成为日本的别动队。1919年9月，谢米诺夫亲到奉天（今沈阳），会见了奉系军阀张作霖。对此中国和日本报纸都有报道和评论，特别是日本报纸对谢张会见十分赞美，"说谢张两人如果真能携手，就可以保持远东的和平"。

李汉俊对此事进行了分析，他指出，要将谢张会见这件事放入日本军国主义远东政策的大背景下考察才能得出正确的结论。"据我的观察，日本的帝国主义者，对于满蒙和西伯利亚，有一个基本的观念，就是要扩张日本的势力范围，确定日本的特殊地位。在中国革命后，日本的帝国主义者，想在满蒙扶植一种'反民主''反统一'的势力。或是拥戴宣统，或是拥戴清室其他的有力皇族，把满蒙及渤海湾四周的腹地，都圈在这一个理想的新帝国版图里。对于这个新帝国再抄从前对付朝鲜独立的旧办法，使之归入日本的版图。"

日本的一部分浪人和军人，就是在这种政策下，积极与清室和蒙古的分裂主义者勾结，援助张作霖，使他成为中国一切军阀的特殊势力。对谢米诺夫也是围绕这个既定政策展开的。他们支持谢米诺夫，是要把贝加尔湖以东的广大地带变成日本的特殊势力范围。这一次谢张会见，是被日本所利用（他们也甘心被利用），成为日本帝国主义分裂远东阴谋的一部分。由此我们可以清楚地知道，他们心目中是"无所谓'文明'、无所谓'和平'、无所谓'正义'。只要把一个地方占据起来，可以做一个独裁官"①。这样他的分析就显得视野开阔，抓出了事情的实质。

他在日本生活过较长时间，所以对日本军国主义认识十分透彻。美国民主党的一位领袖在答日本《朝日新闻》记者时说：当今列宁的势力已

---

① 先进：《谢米诺夫与张作霖》，上海《星期评论》第16号，1919年9月21日。

逐渐加大，俄国国民也并没有大的反对。列国对俄国"总以不十分干涉为妥"。德国的军国主义也已经过去。因此他劝日本"总不要再取从前那样军事的征服态度才好"。李汉俊嘲讽说，这种言论对日本来讲，当然是金玉之言，但对日本这样的一个军阀、官阀、财阀、党阀结成连环套的专制国家来讲，"可惜是对牛弹琴"①。

日本不仅在行动上进行向外扩张，而且在思想上也强化了统制，不断散布大和民族优等论，即使有些"新"思想也打上了这种理论的印记。五四运动后，在日本国内，发生一种"实际的解放运动"，主张"打破官僚政治，实行普通选举，废除阶级的差别，制定社会的税制，公认劳动团体，保证国民生活，解放形式的教育，革新殖民地的行政"。这种主张乍一听似乎很动听，李汉俊则一眼看出它的军国主义的痕迹，指出："'殖民地'三个字，已经很不合道理，拿了这三个字做基本观念，无论怎么样革新，终是脱不了军国主义的旧套。我劝他们这些开口讲解放的人，把'殖民地'三个字根本废除了吧。"②

一般来讲，五四运动前后，中国人民对英日帝国主义的认识有了很大提高，而对美国帝国主义却缺少正确的认识。美国是一个后进的帝国主义国家，加上美国总统威尔逊提出了貌似公允的《和平条款十四条》，使不少中国人对美国产生了一种错觉和幻想，以为"公理战胜强权"。威尔逊的"十四条"，以虚伪的和平辞令，欺骗全世界舆论，掩盖和粉饰美国对外扩张、侵略的野心，也是美国企图牟取世界霸主地位的政治方案。在巴黎和会上，他为自己戴上"和平使者"的桂冠，正式抛出"十四条"。但是遭到其他帝国主义的反对，使他的如意算盘落了空，只好放弃"十四条"，签订了重新分赃世界的《凡尔赛和约》。

① 先进：《可惜对牛弹琴》，上海《星期评论》第34号，1920年1月25日。
② 先进：《日本的新运动》，上海《星期评论》第11号，1919年8月17日。

对于威尔逊在巴黎和会上的表演，李汉俊写了《调和者与神经病》的短评，在《星期评论》第21号（1919年10月26日）上发表。文章以独特的东方式幽默，辛辣地嘲讽了这位"和平使者"。他说如今的世界有两个有名的调和者，一个是美国大总统威尔逊，一个是美国劳工联合会（简称劳协）的会长刚伯斯先生。威尔逊鼓吹"十四条"，是"图军国主义与民主主义的调和"；刚伯斯先生"抱定社会主义与阶级斗争，并非劳动的唯一实行手段"为宗旨，是"图资本家与劳动者的调和"。结果威尔逊因美国统治阶级内部的矛盾，带回去的《凡尔赛和约》和参加国际联盟被美国国会拒绝，威尔逊费尽"三寸不烂之舌"，四处游说，过度劳累的结果，"便得了神经衰弱症"。

刚伯斯先生也从国外拿了一部国际劳动者保护条约，欢欢喜喜回到美国，"准备在华盛顿开世界空前的'劳资协议会'"，没有想到"偏偏碰着国内 I.W.W① 的大活动"。又"撞着顽固党和资本家的大抵抗"。两面一夹攻，他也得了神经衰弱症。这样一来，不但世界调和运动，缺少了两位领袖，而且国际联盟和国际劳动同盟，恐怕还缺少了两位会长。这样"岂不是很大的损失吗？"

1920年美国共和党在大选中取得了胜利，哈定入主白宫，当选为美国第二十九任总统。美国政府为了缓和帝国主义国家日益尖锐的矛盾，排挤日本在中国的势力，夺取远东和太平洋地区的霸权，提出了召开太平洋会议建议。对于美国帝国主义的这种阴谋，相当一部分中国人一时还看不清楚，他们还有着"迷梦"，十分欢迎美国政府的建议，"以为正义人道可以由此伸张，危害中国独立的日英同盟可以由此消灭，中国从前一切主权都可以由此恢复，中国在国际上的种种不平等都可以由此扫除，中国人从前对凡尔赛和会所冀求而未得的都可以由此实现，世界底和平——尤其东亚

---

① I.W.W是美国的世界产业劳动者同盟的英文简称，详情见本书第五章《评介美国I.W.W》小节。

底和平就可以由此得到保障；好像太平洋会议就是正义底天使，中国底救星，和平底福音"①。

1921年夏，上海共产党早期组织根据共产国际的指示，第一次有组织地对太平洋会议展开了批评。李汉俊以"均"的笔名，在《共产党》月刊第6号（1921年7月7日）上，发表了《太平洋会议及我们应取的态度》。这篇长文共有1.9万字，后又被中国共产党印成小册子，印行5000份散发，产生了较大的影响。

首先，全面分析太平洋会议的时代背景。李汉俊是从帝国主义的本性出发开始评论这件事的，因此一下子就抓住了问题的关键。帝国主义的特征之一就是争夺殖民地。东亚是帝国主义各国主要争夺的地区。英国作为帝国主义各国的"霸者"，在亚洲和南太平洋有着特殊的权益。印度、澳大利亚，以及南洋群岛是它的宝库，一旦失去这个宝库，它的"霸权"也就随之消失，因此，无论如何，它都非死守这个宝库不可。

俄国自从彼得大帝输入西方文明以后，渐渐变成了一个资本—帝国主义的国家，自然免不了向外扩张。俄国虽然地域辽阔，但苦无良好的"自由出入的门户"。为了获得不冻的自由海口，它只有三条路：一条是由黑海出地中海，一条是由中亚细亚出印度洋，一条是由中国东北、朝鲜出太平洋。地中海是英国通往东方宝库的要道，印度洋是它宝库的所在区域，因此英国绝不允许俄国染指。而中国东北和朝鲜又是日本"向外发展和保卫本国必争之地"，因此俄日英必然发生冲突不可，只要翻开世界近代史，就不难发现俄日英之间发生的纠纷与战争都与这三条出口有密切的关系。俄国为了前两条出口，"终久非同西欧列强决一死战不可，这是俄国所不肯为而且不敢为的。于是俄国侵略的方面就只有东亚了"。

日本自从甲午战争后，"国势膨胀"，更向外扩张。从地势和局势上看

---

① 均：《太平洋会议及我们应取的态度》，《共产党》月刊第6号，1921年7月7日。

它向外扩张也有三条路：一条是南进印度洋、南洋，一条是西进中国，一条是北进中国东北和朝鲜。南进则要与英国发生冲突，西进则要与英国在中国长江流域发生冲突，北进又将与俄国发生对抗。虽然有这种种的危险，日本一定要向外扩张，因此必然与英俄发生冲突不可，"于是英俄日在东亚的关系，就要形成三角关系了"。

帝国主义的侵略本质决定了它们不可能妥协和退让，冲突是不可避免的。在三角关系中，在策略上自然就会产生两国勾结起来对付第三国的局面。于是在这三国之间展开了互相勾结以对抗一国的斗争。这场较量最终以英日结成同盟而暂告一段落。

英日同盟是1902年成立的，前后共有三次，其目的是围绕夺取中国而展开的，英国不过是要借日本的力量，以遏止俄国的南进，守住印度洋、太平洋及在中国的利益。日本不过是要借英国的力量，对抗俄国，以侵略中国的东北和朝鲜。1904—1905年，日本就是以英日同盟为后盾，在英国的援助下，在中国东北打败了俄国，随后在《朴次茅斯条约》中取得了在朝鲜的宗主权和从前俄国在中国东北所有的一切权力。接着又强迫中国政府缔结不平等的条约，令中国承认了以上一切权力。

英日同盟之所以能够维持下去又是因为有了德国的"膨胀"。德国自从1870年的普法战争后，经济逐渐发达，于是计划了"世界政策"。所谓"世界政策"就是在军事、经济上占据欧亚中心地，"以置大帝国底基础"。这样就威胁着英国的利益，而德国在1897年强占中国山东的胶州湾，"作为东方贸易的根据地，并且要作为军事的策源地"，又侵害了日本的利益。为此英日实行了第三次同盟（1911年成立），但在这次同盟的条约，加上了"在仲裁裁判条约有效期间，不得将对于第三国交战的义务赋予前记缔盟国"的一条，又是老牌帝国主义英国为将来日美矛盾加剧而留下的一着棋。

日本在日俄战争之后，"国势更张，气焰愈大"，而美国因国内产业日益发达,"也发生了向外寻觅市场的必要"。日本的远东扩张政策,阻碍了美国的扩张市场,日美矛盾日益尖锐,终将发生战争。上一条表明如果日美发生战争,英国将不受英日同盟的约束。

同时英国在中日战争以前,其太平洋舰队完全支配着东亚的海域。随着日俄的崛起,英国为了在南亚和地中海的利益,将太平洋舰队移往大西洋,以"抵抗德国,保护本国底利益","终因对俄的关系",将在保护太平洋利益的任务托付给日本。日本海军的崛起,从长远上看,又对英国是一种潜在的威胁,因此英国又希望美国能牵制日本。

日本为了巩固自己在太平洋的利益,对付英美,又与昔日的宿敌俄国缔结协约。"日俄两国相约互相援助关于保全中国领土的更进一步的计划,规定日俄两国在蒙古的势力范围,并保障有一国受第三国攻击的时候,两国协同防御其势力范围。"

首先,世界大战后,世界政治格局发生了变化,东亚的形势也随着发生了变化。德国战败,俄国成为社会主义的国家,美国"一跃而成了世界的债权国,握得了世界经济的霸权"。日本的经济也愈加膨胀,日美因经济力膨胀的结果,非急觅市场不可,其余各帝国主义国家为图发展,也非扩张市场不可。"但现在世界可以任人扩张的好市场,只还有一个地大物博而尚未开化的腐败不堪的老大中国。"于是各国将视线又一次集中到中国。因战争的缘故,除了英国以外,没有一个国家能够与日美对抗,这样中国就由战前日俄英德的逐鹿场成了日美英三国的逐鹿场。

其次,美国提议召开太平洋会议的目的。美国是后起的帝国主义国家,当它来到中国时,发现中国已被其他帝国主义国家瓜分,为了进入中国市场,便提出了门户开放、机会均等。它绝不允许日本独占中国的东北,绝不允许日本独占远东,为了参与分赃,它提出了太平洋会议的建议。

李汉俊一针见血地指出:太平洋会议"是美国参与日英两国所掠夺的中国这赃品的分配,为避免相互间的战争,想妥协上遂其野心的会议;只不过是日英美三国间的分赃会议；中国只不过是一个受分配的赃品"。他质问：美国为参与赃品的分配而发起的这会议，哪一点是为中国？哪一点是为正义人道？如果说彼是"为中国"，就是"为如何分配这中国"。如果说彼是"为正义人道"，就是为"天生下的宝贝大家有分的正义人道"。如果说中国由此可以在国际上获得平等地位，就是由少数者的不平均分配变到多数者的平均分配。如果说和平可以由此实现，就是他们分赃者间不打架的和平。

针对一些人被美国的民主所迷惑，看不清美国民主的实质，他进一步揭露，德谟克拉西是"全体支配全体"的意思，美国是不是全体人民支配全体人民？在美国劳动者生产出的物品统统被资本家拿去，劳动者迫于饥寒而罢工，国家就派出警察去镇压，所以美国的德谟克拉西不过是资产阶级的民主罢了。

他根据世界政治格局的走势，预测了太平洋会议的结局，指出太平洋会议有可能成功，这是因为帝国主义国家打一场新的战争还不可能，会议就是他们为避免战争而侵略中国所采取的一种妥协的行动，因此将来讨论的问题当然不出"中国领土保全，门户开放，机会均等，和军备限制的"问题。

这些基本问题必然要遭到日本的反对，因为日本"国小地瘦，人口众多，不但要贩卖的市场，还须要殖民地和原料供给地"。日本为了扩张非取得殖民地和原料地不可，因此一定不肯取消势力范围。为了对付这一条，日本一定要提出移民问题来抵制。但移民问题一定会遭到英美的反对，所以取消势力范围的问题，将是太平洋会议最难的问题。由于英美因战备尚未完备而可能让步，"使太平洋会议不至分裂"。

军备限制将是会议重要问题，但也是不容易解决的难题。首先以什么为限制的标准就十分困难。"以假想敌国为标准吗？这又等于无限制了"。以国力、国土、人口、海岸线、各国的全年预算、军备计划等作为标准，都不可能。就算标准问题得到解决，监视问题又无法解决。因此太平洋会议自然是不会成功的，即使成功也是暂时的。应该认识清楚帝国主义争夺市场是必然的，"利害底冲突不能免，战争就不能免"。太平洋会议也只能是"强盗的晚餐会"。

最后我们应取的态度。我们中国人民应该清醒地认识到太平洋会议是一次帝国主义的分赃会议，资本主义与正义、人道、平等是不能并立的。有资本主义的地方，就不可能有正义、人道、平等；有正义、人道、平等的地方，就没有资本主义。资本主义与和平是不能并立的，它的生命就在掠夺，掠夺生产资料和扩张市场。为此，它就不能不从事侵略。"侵略就愈要激烈起来，战争也更要激烈了。再加以被掠夺者、被支配者要反抗掠夺者、支配者，被征服民族要图恢复，战争在这里也是不能免的。资本主义一天不消灭，战争就一天不能免；我们要得到永久完全的和平，只有打破资本主义。"

因此我们对太平洋会议的态度应该是不管它成功可否，战争总是不能免的。我们应该起来革资本主义的命，与世界的平民共同改造世界，"速行社会革命"，"建设共产主义的国家"。

透彻的分析，透彻的观察，透彻的领悟，来源于透彻的理性，这篇文章提高了中国人民对帝国主义，特别是美帝国主义的觉悟。他的分析和预测，在半年后的太平洋会议上得到了应验。远东局势后来发展也基本上没有离开他的分析框架，十年后日本悍然发动了侵华战争，占领了我国东北三省；又过了十年，日美爆发了太平洋战争。人们不得不惊叹他对日美本质分析和世界格局预测方面显示出的深邃洞察力。

李汉俊十分擅长通过一些具体的事件，有时是几乎很不显眼的事情，挖掘出反映时代本质的东西。反动军阀控制着国家政权，因而它与帝国主义是中国革命的主要障碍。他通过张作霖与谢米诺夫的一次会见，揭露军阀是帝国主义的别动队，统治中国的工具。1920年新年刚过，京城又刮起复辟风,北京政府还煞有介事地发布命令进行辟谣。李汉俊指出这无疑是"此地无银三百两"的故伎重演,让人好笑。不过对张作霖和谢米诺夫、升允相的勾结,图谋分裂祖国,进行复辟的阴谋,倒是应该保持高度的警惕,尤其要警惕他们活动后面的策划者,"狐狸精总有现出尾巴来的时候"①。

反动军阀不仅在政治、经济、军事上为帝国主义效命,而且在文化上也追随帝国主义压制和破坏新文化运动。《星期评论》发行不到两个月,江苏督军署就以"过激党"的罪名,下令省内各机关,"查禁"《星期评论》和北京的《每周评论》。几乎同时,湖南军阀张敬尧查封了《湘江评论》(1919年8月上旬)。李汉俊抓住这几件事,写了篇短评,揭露军阀钳制进步舆论的罪行。反动军阀对付进步新闻机构的手段有三个。一是支票,收买报刊,如果报刊收了支票,那他的目的就达到了。反之就用第二个手段封条,以鼓吹过激主义的罪名,用封条去结束它的生命。对于那些无法封查的报馆(在租界里,属洋人的天下),就拿出一张收条,"征收它一种'言论自由的代价'"。李汉俊轻蔑地说:"支票,人家是不要的!封条,人家是不怕的!收条,人家虽然不喜欢,却是也咬着牙齿干受的!你还用什么手段呢?"②

在五四运动前后,在上海还展开了南北和议。1919年9月,随着安福系的要角王揖唐总代表来到上海,时局又开始热闹起来。如何看待南北和议?这是一般人所需要解决的问题。李汉俊在《时局怎么样?》里,一针见血地指出,南北和议实质上是南北军阀争权夺利,欺骗民意的闹剧。南北军阀"装模作样的,摆出一个臭架子,各打各的算盘。一般大茶壶的整个政客,却是穿梭织线的,奔个不歇"。这场闹剧完全是军阀和政客的事,

---

① 先进:《复辟运动的背后是谁?》,上海《星期评论》第34号,1920年1月25日。
② 先进:《官僚对付言论机关的办法》,上海《星期评论》第18号,1919年10月5日。

要战、要和都与国民没有关系的。他希望解放和改造的国民,要把眼睛放亮一些,不要关心南北和议,拿出"孤军的奋斗""创造的真精神"来,去做连根锄去军阀的事,去做大破坏与大建设的事。这样中国才能太平,中国人民的生命才有复活的日子。

  妇女解放是五四时期文化思想战线的一个重要方面。1921年初春,杭州女子师范学校校方因5位女生剪发和与男子通信谈话,而将她们开除。消息传出,引起轰动。一些报刊为此展开了讨论。李汉俊在《妇女问题底关键》(上海《民国日报》副刊《觉悟》,1921年7月26日)一文中,没有就事论事,而是将斗争矛头直指产生残害妇女的社会制度。他用唯物史观分析这个吃人的社会,将妇女也变成商品,所不同的是,劳动者是靠出卖劳动这个商品,而妇女是靠出卖"节操"。妇女问题与劳动问题一样,其根源都是一样的——剥削阶级的经济掠夺。"所以一切劳动者和女子要解脱这被支配地位,只有打破现在有一部分人能够掠夺生产劳动者剩余价值的制度。"他在《节录李人杰氏〈男女解放〉》(《星期评论》第43号第2张1920年1月25日)里,写得更清楚,"私有制是万恶之源",女子解放的根本问题就是打破私有制,"私有制度不打破,女子是绝对不能解放的"。

  1920年初春,上海浦东日华纱厂的女工,要求厂方按照惯例分花红。日本司事非但不允,反而殴辱女工代表。3000工人举行了同盟罢工。中国警察署长当即派警察前去,强迫工人立即复工,"对于殴辱工人的日本人,竟连屁也不敢放一个"。李汉俊以极大的民族义愤,质问:假如被殴辱的是中国商界的领袖、报馆的主笔,警察署长会怎么样呢?原来警察们的"爱国",是爱统治阶级。因此国民应该向他们学习,爱国应该与爱无产阶级联系在一起[①]。

---

① 先进:《国民是不是应该分家的?》,上海《星期评论》第36号,1920年2月8日。

综上所述，李汉俊的时评短小精悍，主题鲜明，语言活泼。择取的题材，由于包孕着深厚的文化底蕴，因而激荡着时代的主旋律，凸现出理性的品格，洋溢着战斗的精神。

## 文学评论

李汉俊在上海期间，还积极参加新文学运动。五四时期的新文学运动是新文化运动的重要组成部分，它的思想内涵是由复杂现代意识构成的，最初受到西方近代文学的影响，后来又增添了共产主义的文化思想。

在李汉俊那里，首先是体现在文学的基本概念和社会功能方面。什么是文学？在封建文人看来，文学就是"文以载道"（主要是儒学之道）。这种"代圣贤立言"的贵族文学，所产生的社会价值和美学价值是扼杀人性和人的个性、人的价值，乃至毒化了民族心理。近代新文学是"为人生"的文学（或叫"为艺术"的文学），它强调个性化的社会价值和美学价值，是与唤起民众的觉醒，改造社会联系在一起的。然而，五四时期的新文学运动普遍存在重功利的倾向，过分夸大了文学的社会功能，认为它既能亡国，又能兴邦。这实际上是当时十分盛行的意识形态救国论在文学领域的一种表现。

李汉俊将唯物史观导入文学领域，将文学的社会职能放在社会坐标的正确方位上。文学艺术与文化、道德、思想等意识形态均属于上层建筑，经济生活是它的基础。作为观念意识形态的文学艺术必然要受到经济基础的制约，同时又反作用于经济基础。因此超阶级的文学艺术是没有的。文学艺术与道德、思想等一样，是有阶级色彩的，不能离开了特定的生产方式去论文学艺术。

文学艺术的本质是什么？为了解决这个带根本性的问题，李汉俊译了日本著名评论家平林初之辅（1892—1931）的《民众艺术底理论和实践》——这是一篇被称为"当时以唯物史观建设文学理论的划时代论文"。该文发表在《小说月报》第12卷第11号（1921年11月10日）上。

有人说艺术是平民的。例如托尔斯泰就认为艺术只有一种，只有民众所能懂的一种。艺术至上主义者则认为艺术在本质上不属于民众，因为民众是绝对不懂艺术，他们只是艺术的题材，"识者是题材运用法（而艺术的价值是在运用法）"。艺术至上主义者看到了剥削阶级不仅具有物质的支配权，而且也具有精神的支配权。他们掠夺民众，使民众没有时间去"鉴赏艺术"。因而艺术成了"知识的特权阶级"的专利品。但他们没有探到文学艺术的本质。它们所看到的艺术只是供统治阶级娱乐的"特殊艺术"，并非艺术全部。正如劳动创造了人类一样，劳动也创造了艺术，只是到阶级社会里，剥削阶级才将脑力劳动与体力劳动相分离，将艺术视为他们的特有精神产品。

资产阶级不仅将劳动视为商品，而且也将文学艺术视为商品。一方面有闲阶级在享受特权文学艺术商品的同时，还诬蔑平民没有文化、无知，根本没有资格、能力去鉴赏艺术。那么是谁造成劳动者的无知、没有文化？这就不是文学艺术问题，而成了社会问题。李汉俊指出资产阶级疯狂地掠夺劳动阶级的剩余价值，连他们识字的权利都被剥夺去，疯狂的掠夺使劳动阶级没有时间、金钱去接受文学艺术的熏陶。

另一方面，资产阶级作为社会的"支配阶级"，利用意识形态来维护社会秩序，将文学艺术作为麻痹劳动阶级神经的工具。电影作为才出世不久的由活动照相术结合幻灯放映发展起来的现代艺术，立即被资产阶级所控制，绝大部分题材都与财产有关，使宣传"财产权神圣"到了顶点。例如有一部电影描写了一个大财主因商敌使用奸策，完全破产。他的儿子又想尽一切办法和手段恢复了财产，"其余一些什么活剧、手枪、男女爱情等等都不过是为麻痹民众点缀这种露骨的情节罢了。这些都是把财产神圣，有产者是优越的思想侵润到民众脑筋里面去"的手段。

平民绝不是没有艺术，而是在"一时间内为特权阶级底儿歌所迷睡着了的，但睡着了的，与死了的不同，睡着了的总归是要醒的。要醒的民众力量是不可限量的力量，是支配明日的人类的力量"。

因此民众艺术问题绝不是单纯的艺术问题，而是社会问题，要从根本上解决民众艺术问题，首先要解决资产阶级制度。也就是说要进行社会改造。社会改造不是部分改造，非从根本上进行全局的改造，"乃是制度自身底改造，要把艺术由特权阶级底独占解放出来，除了社会底一般的改造，没有别的办法"。无产阶级必须在文化战线上开展对资产阶级文化的斗争，反对文化主义、艺术至上主义，在自己旗帜上的文字就是"无产阶级底解放"。对于资产阶级的教育、道德、文学艺术，非用无产阶级的教育、道德、文学艺术"来对抗不可"。

应该指出在五四新文学中，"平民""民众"一类词的用法虽然相当普遍，但含义却十分广泛和暧昧，"大众文学"的口号已经提出来了，但除了极少数具有初步共产主义思想的知识分子以外，这种"大众文学"与后来的普罗文学有着本质上的区别，他们的"平民"实质上指的是资产阶级和小资产阶级的知识分子。《民众艺术底理论和实践》第一次指出文学艺术有着阶级性，它遵照社会发展的法则，将随着时代而变化。它将大众文学与无产阶级文学联系在一起，这是文学理论上的一次认识上的飞跃和革命。

以往从事中国现代文学史研究的学者，似乎还没有注意到这篇译文在中国马克思主义文学理论史上具有的开拓性。张毕来先生的《新文学史纲》（人民文学出版社1985年版）将中国马克思主义文学理论最早出现定在《中国青年》，时间为1923—1924年。很显然这一结论下得过于草率。该书作者或者没有看到《民众艺术底理论和实践》，或者不以为然。平林初之辅的文章经过李汉俊的劳动，使马克思主义文学理论种粒播撒在中国的大地上，对于中国马克思主义文学艺术的创作提供了新的文学观念、新的美学理想。

五四新文学是在中西文化的大接触、大交流、大撞击中产生的，其基本特征或构成素质无不来源于西方近代文学，因此五四新文学是面向世界的开放性文学。这种"现代型"文学的特征之一，就是引进西方近代文学。李汉俊的杰出贡献还在于翻译了一些反映希腊、波兰、德国，以及犹太民族的近代文学。

古希腊文学一度辉煌，产生了荷马、伊索、埃斯库罗斯、柏拉图、亚里士多德等一批著名的哲学家、科学家、文学巨子。但到了近代，希腊文学与英、美、法、俄等国的文学相比则显得逊色。逊色并不意味着没有成就，《新希腊文学的近状》（汉俊译，《小说月报》第12卷第11号，1921年11月10日）向中国读者撩开了这渐被人们遗忘角落的面纱。首先是《阿克利他斯》古代史诗的被挖掘和整理出版。阿克利他斯（Akritas）是巴集尔·狄俭尼斯（Bizile Digenis）的绰号，就是边境守卫者或边防总督的意思。阿克利他斯是古代希腊一个极富传奇色彩的英雄人物，其一生是"强盗生活和骑士生活相混杂的奇异生活"。他是尼色福尔·福力时代的人。他的父亲是"撒拉善人"（中世纪，欧洲人称信奉伊斯兰教的阿拉伯人的名称）的酋长。一次他掳掠了一位希腊将军的女儿，为了娶她为妻，就皈依基督教。他们所生的儿子狄俭尼斯与酋长有着近似的经历。他的妻子也是掳掠来的，为了得到她，狄俭尼斯战败了妻子的弟兄。结婚后，他修建了"地上乐园般华壮、美丽的宫殿"。他疲于南征北战，常弹着六弦琴和妻的歌曲。有一天他忽然听见夏龙（希腊神话中送死者灵魂到冥府的斯蒂克斯河的渡船人）的召唤，于是在爱妻的拥抱中气绝。

这部不朽的史诗是1875年才被发现的，在民间有不同的版本。最初是以民谣的形式出现的，反映了古希腊人生活在黑海地方及小亚细亚海面岛屿的生活，构成了古希腊的社会风俗画。它的问世对希腊、法国等国家的文学创作产生了一定的影响。

19世纪，希腊的短篇小说取得了令欧美文学界瞩目的成就。美国出版了一本《近代希腊小说》，收集了九篇小说，该集虽然选得很有见识，可惜不能将普西夏利等派"所连续促进的运动底确实真相表现出来"。这些作家所形成的文学倾向、风格和内容代表了近代希腊文学的主体。一些有代表性的作者由雅典书店出了专集。其中有作家蔼夫达利阿蒂斯的"饱和了这群岛底透明空气的《选本》"、描写家克色诺普洛斯《张特底手帕及其他》、深受青年欢迎的大家物蒂拉斯的《崇拜偶相的怕怕斯》和《兰加斯》，"奇妙而有力的杰作《怕拉尔拉马》就在这《兰加斯》里面"。

物蒂拉斯的艺术与俄国作家安得列夫一样，"极富于细密的讽刺，题材也以低级社会生活为最多"。哈左普洛斯则"当他的精神完全入了空想的时候，却要在问题和事实间严格的对照上力求改新这些既成的规则，一种完全抒情的敏锐之结果的奇异的物力论，使他底描写有时成为摄影般的细密"。怕拉玛斯是一个大天才，是希腊文学革新家们的首领。他的作品由于记录了同胞和故国的深情等，而成为文坛上"无双杰作的特质"。他的许多有生气而夺人心魂的散文，有一种神秘的调子，使人感受到两重的魅惑；有的则近似寓言等等。在他的作品里，诗人所表现出来的"魅人的天才是到处都发泄出来了"。此外他对近代希腊的歌剧也做了一般性的介绍。

文学艺术必须贴近生活，反映时代才有生命力。波兰是一个长期被分裂、遭外来民族奴役的国家。18世纪曾被瓜分了三次，分属俄、普、奥三国统治。因此波兰民族饱受殖民之苦，外国贵族和本国贵族的专横，地主的残酷，使波兰农民苦不堪言。波兰人民在19世纪最渴望的就是民族解放。波兰的国难和人民的反抗情绪反映在文学上，就构成了19世纪初期的革命的浪漫主义文学，和稍后走向现实主义的文学。这引起了李汉俊的极大的兴趣，他翻译了《波兰文学的特性》(《小说月报》第13卷第7号，

1922年7月10日）加以介绍。

首先，波兰产生了令波兰人民引以为自豪的乐圣肖邦。肖邦虽然流亡海外，但时常眷念着被沙俄侵占的故国家园。他的音乐韵调熔铸着波兰国民精神，"这是波兰国民底血底音乐，这是波兰国民底气息，这是波兰国民流注于那广漠无涯、沉寂无声的平原的眼神底音质……这是波兰底长江奔腾激成的音乐，这是波兰底湖沼波浪弹出的韵律"。肖邦的灵魂就是全波兰国民的灵魂，"用坚固圣礼底盟誓，使之永远不匮地结合起来了的灵魂"。

其次，波兰作家们的激越的爱国情怀，在文学作品中的主要表现之一就是对迷人的自然风光的描写。由于波兰是一个屡被侵略的弱小民族，所以在他们作品中的自然风光描写，"非常复杂，非常多角，非常丰富，律调非常之高，而又非常整齐；有一种非常大的魅力，使无论什么读者都不能不沉在这自然里面去"。有的作家在寻求民族解放斗争时，又找不到革命的力量，因而在他们的作品里又流露出无限的伤感和惆怅。表现在自然风光的描写上就呈出多种色彩。如什朗斯奇的作品，就染着绝望的厌世观和对于自然绘画般的描写的对照这两种色彩。谢洛修斯奇由于在西伯利亚过了15年的流放生活，因此在他笔下的自然风光就带有原始的质朴的美。《秋天》就是"以殖民地月夜底自然和太古的传说为题材"，通过他那温和、精练的语词，将"自然的谐和美深深地照耀在读者底胸中"。他与什朗斯奇一样，"绝望的厌世观和对于自然的敏锐的感觉，都交织在他特别美的散文诗里面"。

最后，波兰近代文学是反抗的文学。在一些作家的作品中出现众多的农民形象。《马谢兹》的主人公马谢兹是一个质朴、彪悍的人，由于他的舅兄出卖祖国，甘当德国的爪牙，因而被其他同胞也认为是同党。马谢兹的"波兰魂"却非常坚固，他终于忍不住，将自己的舅兄和一个恶汉给杀掉了。作者以第一人称的口吻写道：我凝视了马谢兹的眼睛，"这回我却惊得脸都青了,他底眼睛像泉一般清得发光,像婴儿底瞳仁一般清静天真"。

这种写实的手法在波兰文学中是必然的,又是本质的,这是波兰民族长期争取祖国自由却得不到自由的心理在文学手法上的表现。因此波兰文学中多是"描写这反抗性和彪悍性底发露(泄)的"。但与"久处忍从地位"相一致的是,他们作品表现出的是极端焦急的反抗性,笔下的人物往往阴暗悲观。波兰文学是情感的文学,它没有哲学,缺乏深刻的性格描写,将"那富于浸润性和感受性的本质,像吸水纸吸取墨水一般"地吸取表面的情感。《农夫》的主人公"是苍白的幻灭。悲哀无望的故国悲惨的形象,鲜鲜明明地映到这国艺术家胸中了的,是懊恼的咏叹"。以上这些可以说是波兰近代文学的特性。

对德国近代文学,李汉俊似乎有着超过对其他民族文学的热情,他撰写了《后期印象派与表现派》和翻译了《狂飙运动》《近代德国文学的主潮》等五篇文章加以介绍,使读者对歌德故乡的文学有了较多的了解。

战后德国文坛最引人注目的就是"狂飙运动"中产生的表现主义。表现主义是一种文学艺术流派,它于1880年首先在绘画中出现,继而影响到文学,1913年出现了戏剧的表现主义。表现主义在第一次世界大战中有所发展,战后就形成了一场运动,并很快波及欧洲。表现主义与新古典主义一样是反抗自然主义和新浪漫主义的,但它与新古典主义又不同,主要表现有两点:其一,表现主义是一部分作家艺术家有了觉悟,强烈地反对战争而又找不到出路,感到文化上出现了危机,因此他们主张人道主义和世界主义;加上战败国的惨状,使文学艺术脱离现实,凭"灵魂""激情"进行创作,享乐主义、色情主义、命运主义等思想感情,都在表现主义的名义下"发泄"出来[①]。

---

① 海镜:《后期印象派与表现派》,《小说月报》第12卷第7号,1921年7月10日。

其二，观察点不同。表现主义把自然主义、新浪漫主义"看作是由外部吸收印象的印象主义艺术，印象主义完全是消极的；表现主义的使命就在补这个缺点，使消极的转为积极的"。表现主义的所谓积极是从精神层面上讲的。它强调的是自我，"我们人的精神不是简单吸收印象的，这精神里面，还藏有具备微妙作用的自我，所以一定要溶化了这由外界吸收来的东西，依了自我的理想改造为新的东西才行，这就是表现主义的方向"①。

表现主义主张新理想世界是对印象主义的反动，也是大战痛苦的经验促进的。德国人痛感战争的悲惨之余，深信人类危机的到来。为了避免这个危机，他们极力主张建设包括全人类的人道主义世界。但他们的新理想世界却离现实的世界很远，他们的自然不是真实的自然，而是自我的自然。它不模仿自然，要把自然收入自我之中，这种"图谋"不是容易实现的，只有艺术的天地才能自由地表现。这也正是表现主义的伟大文化使命。

由于表现主义刚刚兴起，其经历和内容还不十分清楚，一般来讲，它的出现引起了进步评论家的重视。其中的原因可能来自表现主义体现强烈反对帝国主义战争的情绪，李汉俊通过译文《"最年青的德意志"的艺术运动》(《小说月报》第12卷第8号，1921年8月10日)，对此做了探讨。文章指出："所谓战争不过是与资本家因缘很深底一种极物质的极野蛮的暴力行为，人生底本义不应该让这种暴力来破坏的。"表现主义的作家们已经意识到战争破坏了人生，要使人生复活，就非除掉这个"惨祸不可"。"这种渴望和平的心，这种要使人生底本然复活的苦闷，就是这艺术运动底出发点。描写人生底惨祸，广泛主张人道主义的态度，就都是这运动初期的特征。"

他们从对战争的认识出发，进一步感悟到战争的根源在于资本主义文明。他们指出资本主义文明把人生"完全引到邪路去了，把人类尊贵的精

---

① 海镜译：《德国近代文学的主潮》，《小说月报》第12卷第8号，1921年8月10日。

神抛弃了，把它专一委给自然底暴力了，人类完全成了自然底奴隶，本有的精神力差不多完全失去了作用"。这种政治上的要求表现在文学艺术上就成为表现主义，或表现的艺术。这种表现主义与传统的表现主义不同，它是青年德意志的艺术运动，体现"内在生命底表现"，"藏有一种20世纪的文化革新上所不可缺的新的意气与精神"。

一些评论家对表现主义的肯定是有限的，对他们的艺术观所表现出来的唯意志精神则有所批评。表现主义者批评了曾经笼罩了欧洲文坛的自然主义。自然主义是"忠实描写外界或客观界的印象"。表现主义在创作指导思想上首先反对这种表现手法，认为新艺术必须"从自然解放出来"。艺术不是生活的简单的再现，艺术应该不受客观事物的束缚，客观得来的印象，只是材料，艺术是主观——即人的精神的自由表现。这种将精神力量置于决定作用地位的创作原则必然引出艺术中心论。表现主义的作家、艺术家标榜艺术无目的性，崇尚"以无形式无秩序的原形达到事物底本然"。

表现主义者是德国战后社会生活在文学艺术上的一种反映，也折射出德国的国民性，尤其是德国青年面对着战败、分裂的生活，"厌恶破坏，要建设"，却又找不到出路的一种感情上的宣泄。于是就产生了以德国青年为先锋的表现主义，表现"无中心之生活，无中心之内容"的文学艺术派别。

在《狂飙运动》译文里，认为从表面上看，表现主义者不满未来派，排斥印象派，批评自然主义，但从深层次观照，它们彼此之间存在着密切的联系。表现主义者对这些文学派别进行了批评，但由于他们找不到改造社会的根本力量，因此其批判往往没有打中要害，而且在艺术上常常与未来派、新印象派等混杂在一起，表现主义发起者原来就是主张未来主义的。后期印象派就是表现主义。表现主义由于反对资本主义的现代文明，因而有复古倾向，他们主张"越接近古代的质朴时代——不为物质文明所束缚的质朴时候——就越接近人类本然的状态"。因此表现主义反对的是物质的机械的自然，并不是"人类灵魂底本然的那种意义上的自然"。所以可以说表现主义是广义的自然主义。一时找不到出路的德国表现主义者所掀起的狂飙运动，只好远离现实，追求一种主观抽象的东西，发出"烦闷"的"叫喊"，寻求感官的刺激和"原始的妄想"。

在相当长的一段历史中，犹太民族是一个没有国家，并受到凌辱的民族，犹太人的作家和艺术家有国籍而无祖国，这样就形成了十分特殊的犹太文学，在世界文学史上独树一帜。正因为如此，世界文学艺术史对犹太文学，特别是犹太近代文学几乎没有介绍，犹太文学成为世界文学史的一个尚待开垦的处女地。李汉俊通过翻译《犹太文学与宾斯奇》(《小说月报》第12卷第7号，1921年7月10日）和《犹太文学与考白林》(《小说月报》第16卷第12号，1925年12月10日），向中国读者掘开了这块处女地。

犹太新文学产生于近代，萌芽于1881年。这一年在俄国发生了反犹太热。疯狂的大屠杀，激起犹太民族的"国民的大觉悟"，从此犹太人抛下了从前所用的俄国语，用起了母国语，涌现出了犹太新文学。在这里译文对犹太新文学有一个简单的界定，即专指犹太文学家和艺术家"眼中所见的犹太人的思想和艺术"，并不是指犹太人创作的与犹太民族无关的文学艺术。在这场新文学运动中，诞生了一批闻名世界的小说家和艺术家。其中著名的有亚布拉莫维奇、拉比诺维奇、潘莱士、学罗姆·阿胥、大卫·宾斯奇、考白林等。李汉俊重点介绍了后二人。

大卫·宾斯奇（David Pinski）于1872年出生于俄国。1892年因俄国发生排斥犹太人的风潮而离开俄国，到华沙，开始从事文学创作。1899年移居美国，任一家刊物的文学编辑。他是一个多才多艺的作家，写过小说、戏曲，与另一位犹太作家阿胥不同的是，他的小说要比戏曲多。阿胥出生在波兰华沙，1910年创作了《复仇神》，首先在柏林上演，顿时引起了轰动，给欧洲各国"以很大的刺激"，阿胥为此而名满世界。宾斯奇的小说与阿胥的戏剧一样，他们的作品里都反映了犹太民族的思想，这是"别人模仿不来的真实与自国情调"。

宾斯奇的作品是现实主义的,"对于贫民阶级有特别的偏向和同情"。他的《诱惑》拥有很多的读者。这部短篇小说集共收集了作者的八篇小说——《别利亚》《拉比·亚奇巴的诱惑》《高僧约哈南》《德拉布金》《饥饿汉底话》《黑猫》《暴风雨》《则尔巴伯尔》。前三篇"描写关于灵肉底诱惑",《德拉布金》《饥饿汉底话》则反映了无产阶级的生活,作者通过塑造德拉布金和饥饿汉这两个无产者的典型形象,表达了宾斯奇对于资本主义社会组织和制度的愤慨和嘲骂。它与一般反映无产阶级的文学的作品不同之处,在于小说的主人公是犹太人,因此作品又可以"看作是他们犹太人把对于种族虐待的愤激公然发露了出来的挑战书"。这也就是宾斯奇成为"带着特殊的色彩",描写无产阶级的艺术家的缘故。《黑猫》《暴风雨》是关于女性问题题材的作品,《则尔巴伯尔》则极力提倡犹太人的爱国心,是这八篇作品中"色彩最显明,文气最激昂"的一篇。

他十分善于人物的心理描写,但他无论如何描写内在的生活,总不会失掉了具体的外在生活,他"所描写的男性女性都和我们一样,是生存于肉体情欲痴行之上的;把概念像枯木一般拿出来的作品,一篇也没有,都是芬烈的生动的艺术的"。所以可以说他是心理描写的写实派。

他的作品有一部分是描写犹太无产阶级的,作品中有着"对于被压迫者的反抗和怜悯",而又充满着人道精神的背景。由于犹太民族的特殊命运,犹太作家"对于世界主义的坚信和对于人道主义的仰慕,都比挂名在成形国家组织之下的许多作家,更为活泼自由,更没有偏执,更崇高,更热烈,能一贯到底勇往向前进呀"。

列翁·考白林(Leon Kobrin)也是一位天才多产的犹太作家。他与宾斯奇同年出生于白俄罗斯,1892年移居美国。在30余年的文坛生涯里,他创作了许多小说和剧本。他的"语言使用底自由,叙述方法底微妙,不用遁辞,不用无聊的弯转语",在题材上和叙事上都达到了完美的地步,尤其是小说到处流传，以至"把这作者底光辉也弄神圣了"。

译文集中介绍了考白林的三部大作品——《觉醒》《须汉奥列》《从立陶宛底乡村到纽约底租房》。《觉醒》是一个爱情的故事，主人公耶尼同自己的未婚夫与妹妹的未婚夫洛宾一道出国旅游，归国后，耶尼和洛宾觉醒到他们彼此相爱了，这样在他们身上围绕着爱情和良心之间的斗争。考白林十分娴熟地调动文学技巧，"用他稀有的解剖技术的对象，这心理描写底意识"，将爱情的悲剧，感情的纠葛表现得淋漓尽致。它除了对于犹太人的生活作了精细的描写，表现出纯文学的价值外，还可以作研究美国犹太人的生活和特性的重要参考。

《须汉奥列》是一篇"奇谈式的长篇小说"，反映了在犹太人占一半居民的一个美国城市的生活画面。其中人物是"奇异滑稽的"，情景是"可笑又可怜的"，体裁是"新奇美丽的"。作品中的典型人物与别地犹太人有所不同，他们移居美国，与美国人民融合在一起，虽然有些人还墨守犹太人居留地的生活习俗，但已有人打破了犹太人支配了数千年传统的"束缚"。考白林刻意塑造的犹太人在移居过程中，表现出来的特有的心理变化，"他们底生活方式和他们底心灵里面的纷争，虽因祖国之不同而不同，但在本体是同一的"。作品"修辞虽然很简洁，但内容却很丰富"。它在创意上下了功夫，产生出很丰富的令人发笑的奇想，在艺术上收到了"可惊"的效果。

《从立陶宛底乡村到纽约底租房》与上一篇作品反映的几乎是同一个题材。小说分两部分，第一部分是描写俄国的乡村，第二部分是描写新祖国（即移居的美国城市）。作者精心选择了一个东方的农村和一个最现代化的城市，这本身就十分典型。所谓农村就是东方犹太人的祖国。犹太人原本喜欢乡村的宁静和安闲，在犹太作家的许多作品中乡村是经常出现的题材。时代的变化，使一部分犹太人离开了祖辈生活的乡村，移居到美国的都市。这一变化是产生这个作品的背景。地理环境的变化，也引起了犹太人的心理变化，考白林将"旧犹太人居留地和纽约混杂底悲惨间的显著的对比"摆在了广大的读者面前。在这个新世界的面前,渐渐习惯于地方风土的犹太青年,渐渐贯注了一种新的精神,他们的同化同老一辈犹太人(他们的父母)之间自然产生了矛盾。小说反映了他们面对这种激变而产生出巨大的心理变化、追求与痛苦。如果说小说第一部分几乎是田园诗的话,那么小说的第二部分就是"含有青年欢迎新生活的悲剧"。

第五章
CHAPTER FIVE

# 中国工人运动的先驱

## 热情投身劳工运动

中国共产党成立后，倾尽全力从事工人运动，很快形成了中国工人运动第一次高潮。李汉俊殚精竭力，与陈独秀、李大钊等一起，推动了中国早期工人运动，是第一次工人运动高潮的参加者和推动者。

李汉俊从登上历史舞台的第一天开始，就与中国工人运动紧紧结合在一起。他的第一篇文章，就肯定了劳动者是社会物质财富的创造者，接着在上海《民国日报》上发表的译文，也谈的是劳工运动，其中一篇的标题就是《劳动者运动之指导伦理》（上海《民国日报》1919年6月7日）。他指出十月革命后，世界就朝着无产阶级解放的方向"突飞猛进"，自豪地宣布自己是无产阶级的成员。

1919年六三运动过后，工人运动风起云涌。9月，在上海的罢工就达10余起。李汉俊以极大的政治热情对工人运动进行评论。他及时总结罢工斗争，认为首先资本家对工人采取高压手段，根本反对工人与资本家进行交涉权和结社权；其次工人群众也不知道自己有这些权利，工人的斗争还处在自发的阶段，局限于为争工资、缩短工作时间和改善工作条件等经济方面。最后他们应该提高阶级觉悟，对社会进行彻底的改造。

1920年春，他在与陈独秀等筹建党组织的同时，积极参加工人运动。4月2日上海船务栈房工界联合会成立大会，他和陈独秀等莅会祝贺。5月1日，他与陈独秀联手在《星期评论》《新青年》同时出版了"劳动纪念号"。他在《星期评论》上发表了《强盗阶级底成立》，用马克思主义的政治经济学理论，揭露了资本家发财致富，工人受压迫和剥削的秘密。文章难能可贵的是，初步剖析了中国资本主义的历史轨迹。

上海共产党早期组织成立后，他和陈独秀创办了工人阶级自己的刊物

《劳动界》，继而帮助《上海伙友》《店员周刊》等工人杂志。陈独秀不在上海时，他主持组织工人的工作。经常深入到工人群众中去，帮助他们办工人学校，对工人进行教育和组织工作。10月3日，上海机器工会在渔阳里6号外国语学社开发起大会。莅会80余人，大会由上海共产党早期组织成员李中主持，李汉俊和陈独秀等"惠然来会"，并被聘为名誉会员①。11月21日，上海机器工会正式成立，这是上海共产党早期组织领导下的第一个工会，李汉俊再次到会给予支持。

1921年2月，上海法租界的电车工人因生活成本日高，所得工资无法维持最低生活，于是团结起来向公司要求增加工资，遭到拒绝，遂决定于28日举行罢工。公司只好答应增加工资3%，但是过了几天又将这个许愿取消。工人大愤，于3月3日举行了大罢工，经过三天多的斗争，迫使洋资本家做了让步，罢工取得了初步胜利。

李汉俊立即在报纸上发表了《我对于罢工问题的感想》（上海《民国日报》社论，1921年3月5日）和《法租界电车罢工给我们的教训》（上海《民国日报》副刊《觉悟》，1921年3月8日）两篇文章。他向广大读者介绍了罢工的原因、经过，以及斗争的结果，热情地讴歌了电车工人的斗争精神，批判了社会上流传的"中国人没有团结性，尤其工人没有知识不行"的谬论，指出"人到了饥寒交迫的时候，总是做出努力争存的事业来。这就是人类底适应力"，"我们对于中国社会之运动，所以有莫大希望也是在这里。'没有知识不行'的中国人，现在也团结起来了，就是这个适应力促成的。那般说'工人没有知识不行'的人们，也就该醒了"。针对张东荪之流"'中国没有资本主义'，'中国并没有劳动者'"的观点，他反驳道："大凡社会发生一件事，无论什么事，必然是社会上有使这事件发生的条件。"现在在资本主义制度之下发生的特产品的罢工事件，居然

---

① 上海《民国日报》1920年10月6日。

在中国发生了，说明中国社会也就有了罢工事件发生的条件。现在世界已经成了一个有机体，中国也决不在世界之外，"世界常有的劳动运动早就到中国来了，这般人底迷梦也应该醒了"。他警告那些将工人视为"无知识""下等人"的资本家们，这次罢工给了他们一个大教训，决不要"轻视劳动者"。

同年 6 月 11 日，上海永安公司店员因根据公司分派红利的章程，应该分给所有职员红利，但资方只分给了在职股东，而不分给非股东职员的缘故，特在《平民》上刊登了启事，要求社会给个公道。但六七天过去了，社会上却没有任何反应。李汉俊为此撰稿，一针见血地指出，资本家是没有良心的掠夺者，与他们讲道理是没有用的。他对劳动者说，要使社会承认劳动者的利益，"只有倚靠自己的势力强迫他们承认。不然，就是叫破喉咙，社会也是不理的。这回社会不理你们，你们也就应该觉悟了"。另一方面，他用英国矿工与矿主作斗争的事例，警告剥削者："现在世界的资本家已经是风前烛了，你们不要仗恃你们有钱，妄作威福，专视劳动者为奴隶。你们也应该晓得在现在的制度之下，一无所有的劳动者，却还有一个天下无敌的团结的武器，你们的力量较英国矿主的力量如何，团结起来的英国矿工势力又如何，你们应该留点余地！"①

11 月，汉口租界的人力车资本家宣布加租，将每日每乘车的租金由原来的 800 文增加到 1000 文。这激起人力车夫的极大愤怒，在武汉地区党组织的领导下，12 月 7 日，六七千车夫冒着凛冽寒风，举行了大游行。当游行队伍行进到法租界时，遭到法兵和巡捕的阻拦。工人群众奋不顾身，冲锋前进，与法兵和巡捕战斗二三小时。法兵捕去工人二人，工人大愤，"亦掳去法兵二人，并包围法巡捕房及领事馆要求释放，作猛烈之示威"②。经过斗争，迫使法帝国主义和车行资本家答应了工人的条件。这次汉口人

---

① 李汉俊：《读永安公司（非股东）全体职员启事》，上海《民国日报》1921 年 6 月 18 日。
② 林育南：《施伯高传》，刊于《施洋先生纪念录》1924 年 2 月。

力车夫的斗争和粤汉铁路工人的罢工，正如邓中夏在《中国职工运动简史》所称赞的那样，是开了当地一个新纪元。

身处东海之滨的李汉俊为家乡的工人阶级的伟大斗争所鼓舞，心潮激荡，在上海《民国日报》1922年1月3日发表了《汉口人力车夫罢工底教训》。他写道：汉口人力车夫的罢工胜利，使工人看到"他们向来认为神圣不可侵犯的公司也没有办法，只好屈服于他们。他们就觉悟了他们底实力，比他们向来所不敢比拟的一切绅士老板底实力还要大"。通过斗争，工人觉悟到劳动者的团结力量的伟大，觉悟到工人结成团体的重要性。这种实力"由知识阶级底说明固然也能觉悟，但远不如他们自己由实际运动中体会得来的确切深刻而且迅速"。他希望工人不仅应该觉悟到要得到生产关系上的"支配权"，而且要得到政治上的"支配权"。

大约在1922年2月底，或3月初①，他回到自己的家乡武汉。为了掩护，他曾在汉口特别区商场督办处"挂名义"。同时在武昌中华大学（今武汉文华中学）、武昌高等师范学校（今武汉大学）执教，以教师为职业，利用讲台进一步宣传马克思主义。他虽然离开了党中央，但没有离开党，积极参加武汉地区党团的活动，担任该地区青年团社会教育委员会和妇女委员会的委员。

武汉是我国历史悠久的名城，由于地处内地中心，水陆交通十分便利，连通四面八方，素有九省通衢之称，很早就是长江中游的政治、经济、文化的中心。到明清，汉口迅速发展起来，成为新兴的商埠和水运重镇。随着西方资本主义的入侵，武汉由传统城市形态走向近代城市形态。以1861年英国首先在武汉开设了租界为契机，武汉逐渐成为具有现代意义的工商

---

① 李汉俊回武汉的时间尚不清楚，1922年1月28日，他在上海参加了散发革命"贺年帖"的活动。1922年1月4日上海《民国日报》，报道汉口商场督办由汤芗铭接任，他聘请李汉俊为总工程师。1922年3月20日，武汉地区党团负责人包惠僧给中国社会主义青年团负责人方国昌（即施存统）的信，内称："以后来信，可寄汉口商场督办处李汉俊转交。"据此可知，李汉俊至少在此前已回汉，而且他的住处曾是党团中央与武汉地区党团组织的通讯地点。

业新型的大都市，其经济呈现出典型的半殖民地半封建的多元形态。

帝国主义各国在这里投资，建立银行、商场、工厂等；在洋务运动中，洋务派在这里兴办的官办和官商合办的工厂有18个，其中著名的有汉阳兵工厂、汉阳铁厂、湖北织布官局等。在辛亥革命前后，中国近代民族工业迅速发展，武汉由于地域上的优势，很快成为我国民族资本的摇篮之一。从1897年燮昌火柴厂为开端，到五四运动前，民族资本的企业有几百个。这样武汉成为仅次于上海的第二大都市。随着现代工商业的崛起，武汉地区的无产阶级的队伍也得到迅速发展，到1919年工人达20万，成为中国工人阶级的重要组成部分和社会上的一支新生阶级力量。

武汉地区的无产阶级从她诞生之日起，就为了自身的生存和自由，与封建主义、资本—帝国主义进行了斗争，特别是在五四运动中，初步显示了自己的阶级觉悟和力量。中国共产党成立后，主要精力都是围绕着工人运动展开的。

建党初期，武汉共产党早期组织首先深入工人中去，进行马克思主义的宣传；在工人群众中发展了郑凯卿、项德隆（即项英）、林祥谦等入党。在党团内部成立了劳工运动委员会，对外公开成立了劳动组合书记部武汉分部。在党组织的领导下，武汉地区的工人运动蓬勃发展起来，罢工浪潮一浪高过一浪，其中影响全国的有粤汉铁路武（昌）株（洲）段机车处罢工（1921年10月）、汉口租界人力车工人大罢工（1921年12月）、汉阳钢铁厂罢工（1922年7月）、粤汉铁路武（昌）长（沙）段大罢工（1922年9月）等。武汉地区无产阶级的英勇斗争在中国早期工人运动史上写下了色彩浓重的一笔。

李汉俊正是在中国工人运动第一次高潮的前夕回到武汉，亲身强烈感受到无产阶级解放斗争热潮，心情是异常激动的。他虽然不是湖北地区党团劳工运动委员会的成员，但他积极投身到工人运动的火热斗争中去。他的作用主要有两点。其一，他通过马克思学说研讨会，在青年学生和工人群众中宣传马克思主义。当时党团在汉口、武昌设立了两个研讨会,"每星期开会一次,他轮流到会指导"①。他十分热情地教育工人群众,应该提高阶级觉悟,自动担负起历史的使命,投身到推翻军阀统治的斗争中去。

其二,他在青年学生中进行鼓动,号召他们到工人群众中,做理论宣传,与工人一起,进行民族解放运动。这一年5月1日,武汉地区中共党团组织发动工人、学生上街举行首次纪念国际劳动节的活动。他应武汉学联的邀请,演讲了国际劳工运动史,鼓励青年学生投身到无产阶级运动中去。

湖北女师是党团主要活动地点之一,涌现出湖北最早的一批女团员,其中有夏之栩、徐全直、袁溥之、李文宜等。她们经常到李汉俊家,参加"妇女读书会"。李汉俊给她们上课,他的"温文尔雅,博学多识","说理通俗明达",给这批女青年留下了难以忘怀的印象,以致60年后,夏之栩、袁溥之还清晰地记得他当年的风采。"汉俊老师曾给我们讲过《工钱劳动与资本》等马克思主义原著,他不是照本宣科,而是用他自己的话把马克思的理论介绍给我们。那时,我们对劳动人民累死不得温饱,而老板不干活却享尽荣华的社会现象极为气愤不平,但不明究竟。听汉俊老师讲了马克思主义的理论后,才知道工人的剩余劳动被资本家剥削去了。"②

有一个叫刘弄潮的青年,是四川成都高师的学生,李汉俊在《星期评论》当编辑时,就与他有通信联系。1922年刘弄潮因参加成都学潮而遭到四川军阀通缉,来到武汉。他在斗箕营一个小客栈安下身后,立即去李汉俊的寓所。后来他在《我所了解的李汉俊》(《革命史资料》第8辑)回忆道:"这是一座普通旧式平房,分前后两院,中间是三间厅房,做会客室兼书房,正中放着一张铺了白布的长餐桌,靠墙四个大玻璃书柜,摆满了

---

① 春光致团中央的信(1922年12月20日)。
② 袁溥之:《湖北省委讨论过李汉俊恢复党籍的问题》,《革命史资料》第14辑,文史资料出版社1985年版。

日、德、英、法四国文字的精装书籍，两头临窗放了两张宽书桌，显得朴素而整洁。我当时未满18岁，想到马上要见到久已倾慕的革命学者，不由得心里发慌。正在惶恐不安时，汉俊同志进来了。他身材不高，穿着一件旧棉袍，戴着一副深度近视眼镜，像一个乡下教书先生，说来也奇怪，我紧张的情绪顿然就消失了。"

李汉俊将他接到家里住，常常利用吃饭时间，向他介绍马克思主义的基本原理。有一次，他指着满架的书籍说："研究马克思主义，不能光从这些经典著作里寻求，主要是投身到工人运动中去，作到言行一致。"[①]他把刘弄潮介绍给从事于劳工运动的施洋、李书渠[②]，希望他在实际斗争中与工人打成一片。后来刘弄潮以社会主义青年团团员的身份和成都学生联合会代表的名义，去郑州参加了京汉铁路总工会成立典礼。

1922年10月，湖北全省工团联合会宣告成立，林育南被选为秘书主任委员，总理一切会务，项德隆被选为组织主任委员，李书渠被选为宣传主任委员，李汉俊被选为教育主任委员，施洋受聘为法律顾问。李汉俊和林育南、项德隆、李书渠、许白昊、李求实、施洋等，均为该会执行委员会委员。在湖北全省工团联合会的领导下，武汉地区罢工怒涛一浪高过一浪，最后与京汉铁路大罢工的怒涛相会合，形成了中国第一次工人运动的特大洪峰。

京汉铁路是我国的南北主要大动脉，党成立后，非常重视这条大动脉的工人运动，派得力干部深入沿线，发动工人，组织工会。到1922年在长辛店、江岸等16个车站成立了分会（时称俱乐部）。同年4月9日，京

---

① 访问刘弄潮记录（1981年7月31日）。
② 李书渠（1901—1976），号汉石，字伯刚。湖北天门人。早年在武昌读书，参加了五四运动，为武汉学联、互助社、利群书社等进步团体的成员。1921年加入中国共产党，曾担任武汉地区团社会教育委员会委员长、中共武汉地方兼区委宣传委员、武汉工团联合会教育委员会主任委员等职。1925年与党失去联系。1947年重新加入中国共产党。新中国成立后任中共武汉市委统战部副部长、武汉市政协副主席等职。

汉铁路工人在中国劳动组合书记部北方分部的具体领导下，为统一全路的工会组织，适应斗争需要，首先由长辛店工人俱乐部发起，在长辛店召开全路总工会的第一次筹备会。8月10日，在郑州成立京汉铁路总工会筹备处。1923年1月5日，京汉铁路总工会筹备处决定于2月1日在郑州举行京汉铁路总工会成立大会。

1月30日夜晚，李汉俊亲自带领武昌高师历史社会学系的学生任开国、赵春珊、张作范、徐考祥四人到汉口江岸车站，随同林育南、陈潭秋、施洋、林祥谦等，乘车赴郑州参加京汉铁路总工会成立大会。

到郑州后，任开国、赵春珊等见各地代表和来宾都带有礼物，觉得也应该送一份礼表示武汉学生的心愿。李汉俊欣然同意了学生的打算。他们一合计，买了五尺红绫，按照施洋的意见，写上了"大地赤化"四个大字，敬献给了大会。

2月1日清晨，风雨如晦，阴霾满天。郑州全城实行紧急戒严，军警荷枪实弹，沿街排列，如临大敌。原来直系军阀吴佩孚出尔反尔，禁止工人举行工会成立大会。郑州警察局长黄殿辰秉承吴佩孚的旨意，狂叫："我黄殿辰在郑州一日，即一日不准工人开会！"

武力恫吓不足为惧，英勇的京汉铁路工人迎着阶级斗争的风暴奋勇前进。上午8时，李汉俊与各地代表，胸佩总工会会员证章，走出住地五洲大旅店，会同郑州等地1000多名铁路工人，浩浩荡荡向大会会场——普乐园戏院挺进。当这支雄壮的铁流来到会场附近的一个路口时，遭到军警的阻拦。工人怒火在胸中燃烧，他们与军警进行说理斗争，军警仍不许队伍前进。工人们忍无可忍，拨开军警的刀枪，潮水般地直奔会场。

"打倒帝国主义！"

"打倒军阀！"

"强权无公理，工人要自由！"

"劳工神圣！"

"京汉铁路总工会万岁!"

在一片海啸般的口号声中,李汉俊与工人们一起合力砸开普乐园戏院大门,涌进了会场。大会主席庄严宣布:"京汉铁路工人总工会成立了!"李汉俊与各地代表和工人群众齐声高呼:"京汉铁路工人总工会万岁!""劳动阶级胜利万岁!"此时会场四周,被军警包围,代表们和工人情绪更加激愤,"奏乐欢呼,声振屋瓦",与军警对峙至下午4时,"始冲出重围,宣布散会"①。由于反动军警的野蛮镇压,当晚,京汉铁路总工会党团召集紧急会议,决定将总工会迁到汉口江岸,并于2月4日午刻举行京汉铁路工人总同盟大罢工,以回击反动军阀的镇压。会后,李汉俊和武汉代表团一道乘车返回,投入新的战斗。

在郑州期间,围绕与反动军阀斗争的策略问题,李汉俊与张国焘的"左"的主张进行了斗争。当时的中共武汉区委宣传委员李书渠曾回忆道:"郑州开会时,我留守武汉没有去。听李汉俊回来说,在郑州讨论罢工要求条件时,张国焘主张提十几条,涉及面很广,有毕其功于一役想法。有少数同志(李汉俊在内)不同意多提,主张只提要求吴佩孚派人送还总工会的东西一条。因为罢工原因是要吴佩孚承认总工会……张国焘只看到工人群情激昂的一面,没有对客观具体情况全面分析,所提条件不策略,犯了主观主义的错误,导致罢工失败。"②

2月4日上午9时,京汉铁路江岸分工会委员长林祥谦,执行总工会的决定,下达了罢工命令,工人黄正兴拉响了江岸大罢工的汽笛。阵阵笛声划破长空,武汉三镇震得天摇地动!就在这时候,京汉铁路1200多公里沿线大罢工的汽笛同时长鸣,像春雷震撼神州大地。反动军阀在帝国主义的支持下,疯狂镇压这次大工潮,武汉三镇笼罩在腥风血雨之中。李汉

---

① 《我们死者的荣哀——"二七"惨案之经过告全国同胞书》(1923年3月22日),见《湖北革命历史文件汇集》甲1,第52页。

② 李伯刚:《武汉建党初期的回忆》,《武汉文史资料》第3辑,文史资料出版社1981年6月版。

俊义愤填膺，奔走于武昌、汉口之间，参加各种会议，商讨斗争策略，并和正在武汉讲学的李大钊联系，研究情况。

2月7日下午，武汉上空乌云翻滚，北风哀号。吴佩孚、萧耀南在帝国主义的指使下，派两营军队将江岸分工会和工人住宅区包围起来。顿时枪声大作，弹雨纷飞。工人纠察队与反动军队进行生死搏斗，有32名工人倒在血泊中，200多名工人中弹受伤。林祥谦被反动军阀活活地砍死。武汉沉浸在一片白色恐怖之中。反动军阀的魔爪也伸向了李汉俊。当天夜晚，有位工友提着灯笼，赶到他家，将凶讯相告，嘱其速离。李汉俊怀着悲愤的心情，立即乘车北上，到北京李书城处暂避。

在北京，他积极为工人的合法权益而展开了活动，并向社会各界为死难工人募集救济款，他个人曾筹集到50美元。

这场斗争具有十分重要的意义，作为亲身经历了这场伟大斗争的李汉俊来讲，是有着特殊感受的。在京汉铁路大罢工一周年之际，他以"镜湖"的笔名，在武汉的《江声日刊》上发表了《纪念二七的意义》（《江声日刊》1924年2月11日）。他悲愤地写道："去年2月7日是京汉铁路工人被杀戮的一日，也就是中国底无产阶级头一次在无产阶级的意义上流血的一日；这一日之所以值得纪念的，就是在此。"他指出在阶级的社会里，有进化就必有革命。19世纪30—40年代，法国里昂工人起义和英国宪章运动，标志着无产阶级成为"无产阶级时代之主要潮流"和革命的中坚。在中国是以五四运动为分水岭，"资本阶级的革命已夭死在这岭上，无产阶级革命同时就由这岭出发了"。京汉铁路工人的鲜血，没有白流，表明中国无产阶级已觉悟到了他们的历史使命，是与法国里昂工人、巴黎公社战士的斗争具有同样的伟大意义。它表明"中国民族还没有死，也没能衰老，中国民族不是自甘暴弃的民族，也不甘落伍的民族，他还是年少活泼的，还是血气充足的"。京汉铁路罢工的惨事与失败，如同巴黎公社的失败一样，只是"一件先驱的小事"，世界强盗阶级将在无产阶级革命中灭亡。他号召中国无产阶级高举起暴力革命的旗帜，对旧社会进行坚决的斗争。

## 初探工人运动的理论

五四运动前后，社会改造和劳工神圣成为时代的主旋律，劳工运动如春潮汹涌于中国大地。李汉俊以无比喜悦的心情欢呼这一新生事物；以一个英勇战士的雄姿，投入这个伟大的运动中去。随着运动的纵深发展，他不断总结经验，以指导无产阶级沿着健康的方向前进。他的总结成为中国工人运动理论的最初成果之一。

第一，劳动阶级是推动社会前进的主要动力。李汉俊用马克思主义的唯物史观考察了人类文明史，指出人与动物的根本区别就在于能动地改造世界，具体地说能够制造生产工具。"人类是靠物质生存的，劳动者就是生产这物质上直接或间接所必不可少的人，所以劳动者是支配人类生存的人"，"在社会上是最有力的人"[①]。

伴随着欧洲工业革命，无产阶级也就产生。它是先进生产力（有时他用生产工具这个用语）的集中代表，具有不可征服的巨大力量。无产阶级是资产阶级的对立物，从它诞生的那天开始，无产阶级就与剥削阶级进行了较量。在法国大革命时期，在反对封建贵族的斗争中已经显示了自己的伟大力量，但由于无产阶级还不是一个觉悟的阶级，被资产阶级"暗算"了，让他们得到了领导权。无产阶级的这个惨痛的教训并没有"付之流水"，130年后，俄国无产阶级"振臂一呼"，四方响应，宣告了资产阶级的灭亡，开辟了"世界的民众运动"新纪元[②]。俄国革命取得胜利后，实行

---

① 李汉俊：《汉口人力车夫罢工底教训》，上海《民国日报》1922年1月3日。
② 《劳动者运动之指导伦理》，上海《民国日报》副刊《觉悟》，1919年9月9—14日。

了社会主义，无产阶级和其他劳动大众成了社会的主人。

中国社会自从鸦片战争后，随着资产阶级的产生，无产阶级也应运而生。中国工业化虽然很不发达，无产阶级队伍也不壮大，但改变不了它作为物质文明和精神文明主要创造者这一事实。这主要从两个方面来体现：其一，该阶级本身是代表新生产力的产物，而且在五四运动中，已经显示出了阶级的伟大力量。随着罢工浪潮的高涨，工人阶级的实力就比"一切绅士老爷"、资本家的实力"还要大"①。

其二，自从十月革命后，"近世社会，以劳动者运动为核心"。世界的无产阶级已经联合在一起，彼此互相支持。中国绝不在世界之外，中国的无产阶级同样得到世界无产阶级的大力援助，加快了中国"进化"的步伐。在近代，由于帝国主义的侵略和掠夺，中国已经远远落后于世界。它必须迅速赶上去，只有走社会主义道路。无产阶级不仅是中国社会革命的最主要力量，也是将来社会文明的"教唆者"②。

第二，无产阶级只有成为自觉的阶级才是资产阶级的掘墓人。五四运动后，中国南方主要城市掀起了罢工浪潮，仅9月上海一地，罢工就有十几起。李汉俊以饱满的政治热情讴歌了工人的斗争，同时又十分冷静地考察了这些工潮，加以理性的分析。他指出这些斗争的目的都是在要求工资上，而对于工人应有的基本权利，如缩短工作时间、工人的结社权等，却没有提出来，这说明工人的斗争还处于低水平线上。无产阶级必须提高阶级的觉悟，斗争才能上升到政治的层面，使自己成为一个自为的阶级。

当时有人说工人与工人既然境遇相同，利害相同，因此很自然产生同情心、互助观念，容易团结、组织起来。李汉俊在《浑朴的社会主义者底特别的劳动运动意义》中批评这种观点，指出工人阶级若没有觉悟，没有认识到资产阶级是掠夺阶级，自己是被掠夺阶级，认识不到世界一切罪恶

---

① 李汉俊：《汉口人力车夫罢工底教训》，上海《民国日报》1922年1月3日。
② 《劳动者运动之指导伦理》，上海《民国日报》副刊《觉悟》，1919年9月9—14日。

的根源就是私有制，那么在岗的工人就不会仇恨资产阶级，反而会"感激"资本家发慈悲，给他们吃饭，穿衣，住房子；失业的工人会天天"顶香祷祝地盼资本家"给他们工作。在岗的工人为了那一点"吃不饱饭"的工钱，失业的工人为了有点工作，于是互相竞争，"由竞争而排挤，由排挤而反抗"。他们非但不会团结、互助，反而互相斗争、排挤、敌对。这种内耗正是工人缺乏理性的表现，是资产阶级所欢迎的。因此他十分重视并强调提高无产阶级的阶级觉悟。

首先，没有革命的理论，就没有革命的行动。无产阶级虽然由于自身被压迫的地位，很容易发生阶级觉悟，但这种觉悟绝不会自发产生，必须由从外面"灌输"新思想。他用18世纪法国大革命由于自由平等思想深入人心，说明劳动者受到影响，才认识到"由团结而获得的势力之伟大"，于是才会有"为共同的目的的一致团结起来，以团体之力力求他们的境遇改良"。这样"近世劳动者问题底戏幕就开开了"。他又用日本近代工业化的历史，说明日本无产阶级在世界劳动运动、社会主义潮流的影响下，产生了阶级觉悟，才"晓得以掠夺阶级为目标，而互助同情，互相援助，互相团结"。因此，无产阶级只有阶级的觉悟后，才会发生"互相同情心、互助观念、团结"，成立组织，与资产阶级进行斗争。当时各种新思想充塞社会，他旗帜鲜明地宣布只有科学社会主义才是无产阶级解放运动的指导思想，只有社会主义道路才是唯一救中国的道路。

其次，无产阶级只有认识社会发展客观规律，才能自觉肩负起历史赋予自己的使命。他指出社会主义运动的出现不是偶然的，是社会发展的必然结果。他用马克思的唯物史观作指导，通过对人类各种社会制度透视，说明社会制度是因为经济的变化而变化，经济的因素是社会一切现象的最根本原因。无产阶级革命也是因为经济原因而爆发。

无产阶级创造了社会的财富，为什么竟过着悲惨生活？资产阶级不劳而获，为什么竟过着荒淫奢侈的生活？有人说这是因为资产阶级有资本。他尖锐地指出，资本、商品都是劳动的结果，它们不是资产阶级创造的，而是劳动阶级创造的。社会的不平，就在于"生产了资本和利益的劳动者阶级却对于一切生产事业毫无过问权力，除了点工钱外，对于利益毫不能染指"。而不劳动者的资产阶级却"独占劳动"的资本、商品和利益①。其中的奥秘就在于资产阶级"垄断了生产机关，掠夺了劳动者底剩余价值"②。

资产阶级是一伙强盗阶级。这伙强盗不是"鼠窃狗偷的扒手""破门挖墙的窃贼""截路行劫的贼盗""结群劫掠底土匪"，而是"以国家、法律、道德为堡垒，以知识为武器，以金钱为弹丸，在青天白日之下，万目环视之中，掠夺平民财产，剥削平民血汗的资本家！"③资产阶级由于私人占有性和生产社会化的不可调和的矛盾，必然爆发经济大危机。这样资产阶级的灭亡就成为不可避免的事。他们靠剥削无产阶级而生存，同时就培养出自己的掘墓人。无产阶级必须认识到它与资产阶级是对立的阶级，彼此之间的矛盾是不可调和的。无产阶级应该团结起来，打倒强盗阶级，建立无产阶级专政的新社会。

中国无产阶级的命运比西方资本主义国家工人阶级的命运要悲惨得多，这是因为中国强盗阶级比西方工业化国家要多。他们由帝国主义、军阀、资产阶级、封建贵族，以及士绅等所组成。这样一大群强盗疯狂地掠夺，造成了"我们中国的工人比外国的工人还要苦"④，中国无产阶级必须要认识到这一点。他用大量事实来说明中国工人的悲惨的境遇，以提高工人阶级的思想觉悟。

最后，无产阶级只有找到改造社会的根本途径，才能完成解放全人类

---

① 李汉俊：《读永安公司（非股东）全体职员启事》，上海《民国日报》1921年6月18日。
② 李汉俊：《冤哉枉也》，上海《民国日报》副刊《觉悟》，1921年8月14日。
③ 李汉俊：《强盗阶级底成立》，上海《星期评论》"劳动纪念号"，1920年5月1日。
④ 李汉俊：《为什么要印这个报？》，《劳动界》第1册，1920年8月15日。

的伟大历史使命。无产阶级斗争的手段有多种形式，李汉俊通过介绍国际无产阶级斗争的情况，使中国人民掌握了对资产阶级斗争的基本手段。"萨波达举"（Sebotage），李汉俊照法文将它直译为"穿木靴"（即穿木靴走路的意思，在这里指消极怠工）。这是工人阶级的一种斗争战术，即"一面拿工资，一面偷着罢工"。这种原始的斗争方式很早就有，作为一个专有名词最早见于1897年法国珊地加利（后译为工团主义）者的团体在一次会议上正式提出。这种斗争手段对资产阶级是有效的，尤其对商业资本家，劳动者只要对顾客略微不恭敬一点，就会失去顾客，商品卖不出去，立刻"生意衰落起来"[①]。但是这种斗争手段带有原始性，他在《I.W.W概要》（《星期评论》第33号，1920年1月18日）指出这是工人迫不得已的自发行为，"方法太恶辣，精神太颓丧，很容易沮丧劳动者的气势，没却劳动运动的精神"。所以它是过了时的斗争手段，是不能让无产阶级获得解放的斗争手段。

"同盟罢工"是无产阶级沉重打击资产阶级的"强有力的武器"。"同盟"就是"结合""团结"的意思；"罢工"就是斗争。无产阶级要与资产阶级进行有效的斗争，首先要团结起来，组织工人阶级自己的团体——劳动组合（工会）。工会是工人举行同盟罢工的指挥部。工会应该打破职业的界限，因为以职业为本位的工会过于狭小，"不能伸张劳动阶级的利益"，反而会造成无产阶级内部的"利益冲突"。工会只有以产业为本位，才能突破带有帮会性质的行会小组织，领导无产阶级对资产阶级展开强有力的阶级斗争。

同盟罢工不仅要争工资待遇、改善劳动条件，而且必须将生存权、劳动权和结社权等工人的基本权利作为斗争的条件。同盟罢工由于存在着经费、组织等因素，因此绝不是轻易就可发动的，他在《劳动者与"国际运

---

① 李汉俊：《读永安公司（非股东）全体职员启事》，上海《民国日报》1921年6月18日。

动"》(《星期评论》第51号、52号，1920年5月23日、30日）中，提醒工人阶级必须"熟虑审慎其时机及方法"，否则代价太大，"就有破坏自己团体的危险"。同时它虽然给资产阶级以有力的打击，但"不是解放劳动者的完全手段"①。

无产阶级改造社会的根本之途是对资产阶级进行彻底的革命。所谓彻底的革命就是暴力革命，无产阶级"要将政治、社会、经济各方面，一切旧来的思想、道德、制度、组织，从根本上推翻"。具体地说就是像俄国十月革命那样，用武装斗争，推翻旧的国家机器，建立无产阶级专政的社会。

无产阶级的根本目的是获得经济的解放。这绝不是哪一个地方、国家的无产阶级的问题，而是全世界无产阶级共同奋斗的目标。李汉俊直接引用了马克思的话，使中国人民认识到全世界无产阶级，只有联合起来，"一致努力"，才能实现"各尽所能，各取所需"的共产主义社会。这样就极大地提高了中国无产阶级的阶级觉悟，使他们的斗争与世界无产阶级的斗争联系在一起，融入到奔腾的社会主义大潮中。

总之，无产阶级的阶级觉悟不会自发产生，必须通过马克思主义的教育，方能认识到人类社会发展的规律，认识到资产阶级的阶级本质，认识到自己所肩负的历史使命，找到改造社会的正确手段，从而由自发阶级上升到自觉阶级，投入到为全人类解放的伟大事业中去。

第三，建立无产阶级的新伦理。这是李汉俊劳工运动理论中最引人注目的地方。前面已述，他根据唯物史观，将伦理的作用已做了科学的论述。他指出无产阶级不仅要打破旧的社会组织，而且也要打破旧的意识，获得"精神"上的解放；不仅要创造"新的组织"，而且也要建设"新文明"②。无产阶级新道德（即伦理）是这种"新文明"的重要组成部分。

---

① 李汉俊译：《I.W.W概要》，上海《星期评论》第33号1920年1月18日。
② 本小节引号内的话，除标明出处外，均引自《劳动者运动之指导伦理》，上海《民国日报》副刊《觉悟》，1919年9月9—14日。

首先，指出无产阶级新道德的特点。他十分重视新伦理的建立，认为无产阶级伦理是"很高尚"的，其伦理意识构成了无产阶级的"信仰""劳动者运动的根本原理"和社会理想。

这种新伦理与旧道德有本质的区别，主要有五个特点：实践性，新伦理扎根于现实，与劳动运动结合在一起，显得"磅礴洋溢"。批判性，唯物论是"它的故乡"，具有批判精神。社会性，它的道德行为和"社会的价值"是联系在一起的，合而为一。互助性，从"个性的发挥"出发，充分体现了"爱他的精神"，但这种精神不是浪漫的爱他主义，而是将爱他与无产阶级进行的社会改造结合在一起，将个性与利他完全一致。世界性，无产阶级的伦理虽然最初是从本阶级内部"发酵"的，但将普及全体人类。

其次，无产阶级伦理的具体内容有平等的伦理、社会连带之伦理、崇拜劳动的伦理、暴力的伦理。

平等的伦理。平等思想并不是劳动运动所"独有"，"乃是一切过去民众运动所认为第一前提的"。从古代开始，人类对于社会组织就是以"平等为中枢的"。到了阶级社会，由于私有制的出现，平等关系就"渐渐消灭了"，同时人民也将平等作为"理想国"去追求。资产阶级革命的平等思想，"尤其光焰万丈地发展出来"，但它的平等是"虚伪童话"，体现了剥削阶级的意志，实际得利的是它们自己。真正将平等思想输入无产阶级的是马克思和恩格斯。他们创立了科学社会主义，第一次将平等思想做出了科学的解释。无产阶级由于"被榨取的地位"，很自然产生出平等的意识，消除不平等的"阶级精神同阶级斗争的心理，火一般在那里发起热来"。与资产阶级进行斗争，又促成无产阶级内部充满了平等团结的精神，"人人平等权利及义务"的观念，也就支配了无产阶级。这种平等的思想是全人类的，只有到阶级制度完全消灭，"真正平等才能实现"。

社会连带之伦理。这个方面是"近世劳动者运动最强的'精神要素'"。

所谓"社会连带"包含两个意思：一是指社会现象，如家族、经济、政治、信仰等均互相联系着；二是指人与人，人与社会之间均存在着物质的、意识的"相互共有"性。近世无产阶级"渐渐化做'意识的目的的'社会连带观念"，主要是后一方面。这种观念使无产阶级产生"协助""互助"和"共同责任"的伦理，他们团结一致，"主动的"、"能动的"、有意识的，以及"雄壮阔大"地改造世界。这种伦理是对资本主义违反"社会连带的近世生产组织"的彻底否定。

崇拜劳动的伦理。这个观点在将劳动视成下贱的行为，将劳动者放在社会的最底层的社会里，尤为重要。劳动从原始社会就有，是人类为了生存所从事的创造性的行为。这种劳力和体力的行为或活动，"在文化的创造支持发达上讲来"，都对人类作出了许多贡献。到了私有制社会，国家就成了"优胜阶级对于劣败阶级而为经济的榨取的社会制度"，到了近代资本主义社会，劳动也就成了商品，与工人的创造性生产品分离，这样劳动就变作"非常痛苦"的事。无产阶级从与资产阶级斗争中，逐渐认识到，劳动与商品一样，没有罪恶，造成无产阶级贫穷的根本原因是私有制。他们饱尝痛苦后，反而认识到劳动的最高"社会价值"，于是崇拜劳动"'本来之社会目的与价值'的感情，就成了很强伦理意识"。这种崇拜与原始人崇拜图腾不一样，不是盲目的感情，而是"体验认识劳动的最高'社会的价值'"。在未来的社会主义社会里，"必定要受'不劳动者不得食'的最高原则的支配"。

暴力的伦理。李汉俊认为精神文明与经济是紧紧联系在一起的，社会的价值，必定是以社会组织为前提。剥削阶级的一切意识形态都是建筑在私有制基础上的。国家机器，以及法律等上层建筑都体现了资产阶级的统治意志。资产阶级为了维护自己统治，就一定要掌握国家机器，以维护私有制。无产阶级要获得解放，就必须首先用暴力砸烂旧的国家机器。劳动者应崇拜暴力。新文明在私有制、旧的社会组织中产生，劳动者已经认识到了这一点,所以"本来不伦理的暴力,作新社会组织创造的重要手段,而为伦理化"。暴力伦理也就成了劳动运动的指导精神。

第四,与劳动运动密切相关的是知识分子问题。李汉俊认为五四运动是知识分子运动,"六三"运动是劳工运动,这两大潮流冲动起来,就汇成了时代的大潮。他看到了知识分子的依附性,虽然没有用"阶层"这样的用语。阶级、阶层、革命、社会主义、文化等皆是外来词汇,那时他们的翻译用语很有限,一切尚在探索之中,"阶级"的使用频率是相当高的,甚至有泛用的倾向,而"阶层"还没有吸收进来。但李汉俊在《我的"考试毕业观"》(《星期评论》第44号,1920年4月4日)中已经将知识分子分成了不同的类别。他是从知识入手来进行考察的,指出知识分为不同类别,无法将它们放在一起比高低,更不能将其分等级,因此知识阶级原本是不存在的,也没有存在的理由。

但由于阶级的对立,资产阶级在将商品视为私有的同时,也将知识视为私有,将适合私有制的知识视为"知识",反之视为"非知识"。很显然,在资产阶级那里,"知识"只是有益于私有制时才具有价值。资产阶级为了维护自己的统治,就必然要利用"知识",而一部分知识分子要想"不劳而食",进入统治阶级,就必须掌握相当的"知识",为资产阶级效命,成为资产阶级的"雇佣员及坐受资本家底供养而生活者"。这部分知识分子就是"知识阶级",这个阶级是私有制的产物,"只要阶级制度一消灭,所谓知识阶级也要一同消灭"。

由此可见,李汉俊的"知识阶级"具有特定的含义,就是指资产阶级知识分子。他要求将"知识阶级与各阶级底界限"加以区别,学生不是一个"阶级"[①]。这样他实际上是将知识分子作为一个阶层来分析的。他将资产阶级知识分子从传统的知识分子群落中分离出来,是中国第一代马克思

---

[①] 李人杰:《优待学生与优待劳动者的意义及可否》,上海《民国日报》副刊《觉悟》,1920年3月18日。

主义者用阶级分析法对知识分子做的最初分析。

当然他对知识的分析是片面的,根本的问题是没有认识到知识具有自然属性和社会属性。但在人们对知识的定义还处在混乱的时代——对知识既有传统相知、相识和佛教的"善知识"的认同,又有近代智力结晶的抽象概括的时代,他强调知识的阶级性(实际上是指社会科学),具有巨大的启蒙作用,帮助人们认识到知识决不是抽象的东西,一部分知识是有阶级色彩的,为以后给知识下一个科学的定义打下了基础。22年后,他的一大战友毛泽东对知识下了一个完整的定义:"什么叫知识?自从有阶级的社会存在以来,世界上的知识只有两门,一门叫做生产斗争知识,一门叫做阶级斗争知识。自然科学、社会科学,就是这两门知识的结晶,哲学则是关于自然知识和社会知识的概括和总结。"①

与资产阶级知识分子对立的是从事新文化运动的知识分子,这部分知识分子应该与劳动者相结合,这是李汉俊早期思想中的一个闪光点。他指出这类知识分子仅仅对劳动者表"同情",而去"接近"他们是不够的,必须树立劳动者是"社会生活及文明之母"的观念。劳动阶级用自己的"心力"或"体力"创造了世界,不仅养活了资本家和掠夺者,而且也是知识分子衣食住的"供给"者②。他们还是旧世界的掘墓人。所以知识分子必须与劳动者相结合,他尤其希望"靠'脑力的劳动'生活的人,应该大家觉悟到我们的地位和永久的利害,是与'体力劳动者'一样的。我们自身应该从精神上打破'知识阶级'四个字的牢笼,图'脑力劳动者'与'体力劳动者'一致的团结,并且一致努力"③。在他将来的社会模式里,没有"脑力"与"体力"的区别,"我们要造成合理的社会,使到了工作年

---

① 《毛泽东著作选读》下册,人民出版社1986年版,第492页。
② 李人杰:《优待学生与优待劳动者的意义及可否》,上海《民国日报》副刊《觉悟》,1920年3月18日。
③ 先进:《最近上海的罢工风潮》,上海《星期评论》第21号,1919年10月26日。

龄的男女人人都要作劳动者"①。

知识分子与劳动者结合不是被动的,而是主动的。在结合过程中,他反对知识分子用带有"优待"劳动者的恩赐意识去对待劳动阶级,而应该将自己看成是劳动阶级的一分子,与他们一道去改造社会。知识分子应该发挥自己的优势,即用自己掌握的知识,从事思想启蒙。由于劳动阶级受到剥削者的掠夺,不仅生存权、劳动权被剥夺,而且受教育权也被剥夺,没有文化成为他们接受新思想的不可逾越的障碍,因此知识分子首先应该"合力"在普及文化方面"用功夫"②,帮助他们去掉文字障碍。然后将科学社会主义向劳动阶级"灌输",以提高他们的阶级意识。

他号召知识分子最好少做高谈的文章,"放下功夫,多翻译几本书籍,尤其以社会科学的书籍最要紧"③。他不仅自己翻译了马克思主义的重要文章,而且向中国人民推荐《共产党宣言》《资本论》《社会主义从空想到科学的发展》等经典著作,还在一些文章里,用劳动者的口吻,将马克思主义的唯物史观和剩余价值论结合无产阶级的实际,做科学社会主义的普及工作,收到了很好的效果。

## 评介美国 I.W.W

十月革命开辟了人类的新纪元,促进了欧美的无产阶级运动高潮,尤其美国的罢工浪潮此起彼伏,如燎原烈火。五四运动前后,从太平洋彼岸不断传来美国无产阶级斗争胜利的喜讯。美国从 1919 年 1 月到 9 月,罢

---

① 李人杰:《优待学生与优待劳动者的意义及可否》,上海《民国日报》副刊《觉悟》,1920年3月18日。
② 先进:《新文化运动的武器》,上海《星期评论》第13号,1919年8月31日。
③ 先进:《文化运动的粮食供给》,上海《民国日报》副刊《觉悟》,1920年3月19日。

工有2000次以上，使美国资产阶级损失1亿美元。9月以后，罢工更是层出不穷，全国大小罢工有1000多起。10月钢铁工人举行大罢工，继而40万煤矿工人又举行同盟大罢工，引起了资本主义世界的"大恐慌"，震动了全世界[①]。

美国人民的斗争也引起中国具有初步共产主义思想知识分子的高度重视，他们如介绍苏俄情况一样，满腔热情地介绍方兴未艾的美国劳工运动。李汉俊在这方面的贡献是最突出的，翻译了《I.W.W的沿革》（《星期评论》第24号，1919年11月16日）和《I.W.W概要》（《星期评论》第33号，1920年1月18日）两篇重要文章。

首先评述了美国劳工运动的发展简史。美国南北战争后，工业得到了迅速的发展，无产阶级队伍也日益壮大。19世纪末、20世纪初，美帝国主义最终形成，无产阶级运动也进一步发展。李汉俊将美国百年劳动运动史分成了五个时期。第一时期是从1825年至1840年，即罗巴俄温（Robert Owen，即欧文）的共产计划的"初引起世人注意的时代"。第二时期是从1840年至50年代，主要是争取10小时工作制运动，即福里尔（Fonrer，即傅立叶）的共产村运动风靡美国的时代，各种工会如雨后春笋，到1860年工会已有26个。第三时期是从1860年至1865年，在南北战争时，因奴隶解放战争而引起了劳动者的觉悟，加上马克思主义的传播，因而成为美国劳动思想界的"开放期"。第四时期是从1869年至1886年，劳动义团（Knighte of Labour，今译为劳动骑士团）的产生，劳动义团的宗旨也由以前的"保护特种职工为目的"，变为"注意谋全体劳动者的幸福"。劳动义团有了较大的发展，到1886年会员达60万（应为70万），成为美国工人阶级"近代的运动之新纪元"。第五时期是从1881年开始至今。

劳动义团由于发展很快，缺乏正确的理论作指导，又"妄行"罢工，

---

① 本节引号内的话，除标明出处外，均引自李汉俊译：《I.W.W的沿革》，上海《星期评论》第24号，1919年11月16日；李汉俊译：《I.W.W概要》，上海《星期评论》第33号，1920年1月18日。

加上内部分裂，使组织日益削弱。1881年美国各地95个职工工会联合，发起组织了"美国劳动同盟"（又译为"美国劳工联合会"，简称劳协）。它的宗旨是在全国建立以职业为本位的巩固工会，"谋劳动者共同利益发展"。劳协成立之初，曾起过一定的作用，会员一度达300万，在美国有很大的影响。

随着工业的日新月异，无产阶级运动的深入发展，工人阶级感觉到以职业为本位的工人组织，过于狭隘，非但不能保障无产阶级的整体利益，而且会造成行业与行业之间或工会之间发生冲突。美国是一个后进的资本主义国家，每年都有大批欧洲移民涌入这片新兴大陆。他们绝大多数是非熟练劳动者。以熟练工人组成的劳协，对他们关起门来，非但不欢迎他们，反而压迫他们，给他们造成新的痛苦。同时劳协的领导人被资产阶级所收买，成为资产阶级的走狗，劳协堕落为垄断资本集团的御用工具，蜕变成工人运动的右翼。

在这样的背景下，美国工人运动中的左翼力量，于1905年6月在芝加哥成立了新的产业工会"世界产业劳动者同盟"（The Industrial Workers of the World，I.W.W为其英语缩写）。I.W.W最初参加者的主张不一，有的主张无政府主义，有的信仰马克思主义，有的是产业本位工团主义者。从斗争手段上，分成两派，一派主张对资产阶级采取"直接行动"（即阶级斗争），另一派主张运用议会斗争。前者是主流派，在它的影响下，团体的宗旨是在科学社会主义基础上的，主张在无产阶级与资产阶级之间，"斗争必须继续进行下去，直到全体劳动者在政治领域中像在工业领域中那样团结起来"，"通过工人阶级的经济组织取得和占有他们的劳动所生产出来的物品时为止"。但该组织内的"议会派"，则企图将这个急进的工人组织拉入议会斗争的轨道，不断挑起争端。1908年该组织举行大会，"两派冲突，达于极点"，"议会派"失败，分裂出去，在底特律成立了另一个"I.W.W"，但"势力很薄弱"，芝加哥的团体是美国I.W.W运动的中枢。

I.W.W 将"议会派"清除出去,对原宣言增加了两节,使团体的宗旨更加鲜明、激烈。增加的精神主要是明确宣布"废除资本主义制度是工人阶级的历史使命",要废除"作一天工作得一天工资"的保守提法,而在自己旗帜写上"取消工资制度"的革命口号。I.W.W 成立后,遂成"燎原之势猛进",不到一年的时间,会员就达 10 万之众。它的成立和发展,反映了美国无产阶级的新觉醒与战斗力的增强,也是对劳协腐朽的行会制度和它的上层分子的叛卖行径的有力打击。

其次,I.W.W 的组织构架和斗争手段。它是以产业为本位的,以"地方产业组合"为基层单位。这是与以往以职业为本位的工会组织原则根本不同的地方。地方产业工会是由在一都市,或一地方从事于一产业之一切劳动者组成的。会员有熟练工人,但大多数是非熟练工人。会员入会,与劳协不同,入会金和会费很低,每人入会金最高额为 5 美元,劳协则要交 50 美元到 250 美元,交 1000 美元的也有。它由 5 个地方产业(会员达 3000 人以上组成)组成"国的产业组合",2 个"国的产业组合"组成"产业部"。"产业部"是产业工会总部,分为 6 部门。总部由总秘书兼会计一人、总理一人及理事会组成。理事会是 I.W.W 的立法机构,权力最大。理事由每年一次的总会选举产生。地方产业工会对地方一切事务,"可以取独立的行动,其余都要服从本部"。I.W.W 的组织原则是"中央集权",这是与劳协和法国珊地加利主义的不同处。

I.W.W 的"精神是革命"的,主要体现在它的主义和斗争手段上。它坚决反对与资产阶级调和,反对议会斗争,主张"直接行动"。它将无产阶级与资产阶级严格区别开来,指出资本家"不过是掠夺劳动者以劳力所得的生产物,劳动者应有所有其一切生产物的权利,所以资本家是劳动者不共戴天的仇敌",因此无产阶级必须"打破资本家阶级!"它认为国家、政府、法律等统统都是统治阶级的统治工具,目前的国家、政府、法律只不过是资产阶级的"一种利器",借保社会安宁秩序的美名,实"保资本家阶级的利益"。所以劳动阶级完全没有"受这些东西约束的义务"。I.W.W 在反对资产阶级国家机器时，走了极端，反对一切国家机器，在这一点上"与无政府主义无大差异"。

它的"直接行动"包括许多内容，主要有"穿木靴"、罢工、总同盟罢工。文章逐一对这些斗争手段进行了分析（具体内容请见本章《初探工人运动的理论》小节），指出它们的利弊。值得注意的是，I.W.W 却不赞成暴力革命，他们"以直接行动为实行手段，以图资本主义之破灭。但不是一定要用暴力用腕力"，这就必然影响他们的斗争目标的实现，表明他们最终脱离不了工团主义的立场，所以叫它作美利坚工团主义亦不为过。

最后，从 I.W.W 受到的启示。在中国具有初步共产主义思想的知识分子看来，当时引起资本主义世界"总崩坏"的标志是：俄国革命、欧美无产阶级运动的高潮和中国五四运动。中国五四运动又是反映了世界革命的总趋势——劳动运动同革命知识分子理想运动的相结合，中国改造社会的根本力量在无产阶级，所以他们将全部力量投入到工人运动中去。欧美无产阶级斗争无疑对正在寻求解放的中国无产阶级是很好的榜样和精神鼓舞力量。

美国 I.W.W 运动引起了列宁领导的共产国际高度重视，共产国际曾致函给它，充分肯定他们的斗争精神，也指出他们在理论和实践上的不足，"恳请你们加入产生于世界社会革命曙光下的共产党国际联盟"（即第三共产国际）[①]。李汉俊认为要研究欧美无产阶级运动，就必须注意 I.W.W，它"不但是美国社会运动上的一个势力，也是世界社会问题上的一个趋向"，"对于全世界精神上，物质上的关系是极大的"。他希望中国人民对 I.W.W"不可以只看见他们资本世界的势力，更要留心他们社会运动潮流的变迁和趋向"。

如前所述，当时在中国弥漫着改良主义，李汉俊通过对 I.W.W 主义和斗争手段的宣传，再一次突出了阶级斗争学说，希望中国无产阶级在对帝

---

[①] 《共产党国际联盟对美国 I.W.W（世界产业劳动者同盟的简称）的恳请》，《共产党》第 2 号，1920 年 12 月 7 日。

国主义、军阀、资本家进行斗争时，运用这些斗争战略和战术，以彻底铲除旧的国家机器。对 I.W.W 反对政治斗争的最高形式——武装斗争则持否定态度，明确主张通过社会革命彻底推翻旧的资本主义形态，号召中国人民走俄国革命的道路，建立社会主义。这样他就帮助中国工人阶级与无政府主义、工团主义划清了界限，用科学历史观武装了他们，遵循人类社会发展规律，去正确改造世界。

五四运动后，中国无产阶级运动蓬勃发展，但还处在低水平线上，如何将无产阶级组织起来，由自在的阶级成为自为的阶级是具有初步共产主义思想知识分子的主要任务之一。李汉俊对 I.W.W 的宣传，特别是对其组织形式和职能的介绍，有利于中国工人阶级排除封建行会的影响，增强团结；有利于他们打破行业、地区的界限，组织"强有力"的工会，进而建立无产阶级政党。

第六章
CHAPTER SIX

# 艰难曲折的三年

## 在武昌高师

"李先生回来了!"在金风送爽的时节,武昌高师的进步学生奔走相告,不约而同地跑到首义路东鄂园南面的李宅拜望他们所敬仰的教授。半年不见,李先生还是那样瘦弱,戴着一副金丝边眼镜,穿着一件中式蓝布长衫,态度依然那样诚恳。"李先生这半年是怎样度过的呢?"这是学生和关心他的人所渴望知道的。

京汉铁路大罢工后,他避难于北京,因李书城的关系,曾在北京政府的外交部、教育部、农商部任职,为此党中央发出通告,给他处分。

1923年6月12—20日,中共三大在广州举行。李汉俊没有出席大会,但被选为候补中央委员。会后第五天,李大钊离开广州回北京时,马林给李汉俊写了一封热情的信[①]。由于这封信澄清了一些问题,十分重要,而至今还不被人知,所以笔者认为有公布全文的必要。

亲爱的李汉俊(Li hand jien)同志:

今天,我们的李大钊将要离广州去北京,我利用这个机会给你写上一封信。在大会期间你不能前来参加,使我感到非常遗憾。你自己也知道,组织的成员非常少,了解情况的人不多,因而在会议召开之前,我们几次要求你到这里来参加会议。我认为,这次会议比我们前二次[②]所开的会议好得多,工作进行得相当顺利。

我想,北京支部的工作困难,已经以这样一种方式解决,你再没有什么

---

① 马林致李汉俊的信,1923年6月25日,原件存中央档案馆。见《广东革命历史文件汇集》1921—1926(甲),中央档案馆、广东省档案馆1982年10月印刷,第9—13页。此件没有落款,据考证是马林所写。当时中国共产党是共产国际的一个支部,马林作为共产国际的驻华代表,以信的方式,信是代表党中央写的。

② 前二次:指中国共产党第一次全国代表大会和中国共产党第二次全国代表大会。

理由站在组织之外了。在第一次会议上,小组在上海对你的态度是错误的,在那时候我已经表示了这种意见,并且自那时以后说过多次。现在,我们的同志都同意这种意见。正因这个理由,我们想尽一切办法要求你到这里来。

关于在北京接受一个官职的通告,已被取消。这一决定,当时是在错误情报的基础上作出的,而主要的是,这种决定不能成立。这种错误的命令,是在那时作出的。那时我们不能在一起讨论,并且在调查研究之前过早地作了决定。在这次大会上已经证明,去年有许多事情是错误的。我希望,新的中央委员会能更好地进行工作,比老的中央委员会有更大的信心。但当然,许多工作依靠党员和支部的帮助,没有密切的合作和好的集中制,要建立一个好的组织是不可能的,认为中国应该与别的国家不同,这是没有道理的。

现在,通告已经收回,我认为,你要立即参加工作。即使你在北京,你可以用许多方式帮助我们的工作。去年的一个最大错误是:每月的教育工作被完全忽视了。今年在这方面将作得好一些。新的月刊《前锋》的第一期,现在正在付印。这一期是由 Tschue Tsze-bo(作者注:施存统)同志负责编辑的,他的健康状况很坏,在这次大会之后需要进行休息。他过分地把他的力量放在组织工作方面,现在他已精疲力竭,需要长期的休息。正由于这个理由,我希望李同志帮助陈(作者注:独秀)出版一种好的月刊,陈同志也非常需要你的帮助。除了办月刊之外,还要办一个季刊。月刊应该是一种结合实际的刊物,文章应该绝大部分有关中国形势的报道,而不应像以前那样是一种理论性的刊物,而应该是一种战斗性的刊物。但当然应该比周刊的文章站得更高,看得更远一些。请你帮助陈出版《前锋》刊物,同时帮助李大钊同志在北京完成政治任务。为了发展国民党的左翼力量,应该在北京出版一种政治周刊。要把国民党改组为现在的民族革命政党,必须吸收北方的新党员,因此开展一个好的宣传工作是可能的,并且能获得成功。北京不久将建立一个民族革命的国民党支部。

在中国的条件下,革命政治应该是革命的民族政治,国民党决不可能发展成为现代政治战斗团体,甚至最进步的国民党员,也怀疑建立一个民族革命性质的群众党的可能性。因此。他们坚持封建办法,采用北方军阀相同的手段。即使现在，他们不敢走另外一条路，不敢放弃在广州的荒谬的战斗，认为有必要控制一个地盘作为反对北方的基地，与北方封建势力作斗争中作为他们有政权的证据。他们将按照过去的方式来建立新中国。因此，当我们带着革命理想加入国民党时，我们是为了改组这个党。完成这一任务的可能性是有的，中国的革命分子不是空想，而要完成这个任务。

我们必须坚持和改进我们的组织，以保证我们在同一条战线上搞政治工作，尽可能地扩大我们的影响。

上海的怀疑分子企图自行其是，在二月失败之后，在工人中建立一个新的组织来分裂工人，其结果只能出现一个更坏的小组织。他们为了发展成一个大的组织，就忽视参加组织人员的质量。他们之中最好的成员可以参加我们的小组，但他们的行动清楚地表明，他们要搞分裂。今后会证明，这些没有原则的政客，正在组织一个反对共产主义和共产党的工人组织，和把一些优秀分子开除出这一组织。我应该迫切地要求你，尽你一切力量阻止这些冒险分子对汉口工人组织的破坏。项得龙（Han.Te-Ion）在党中央委员会之内，张连光（Chan Lin-Kwan）是候选人。程潜（Chen Tjen）在进行多次会谈之后，同意与我们进行合作。你回到汉口之后，就能对湖北许多有困难的同志进行帮助。但是不管你到什么地方，不要忘了经常地给《前锋》杂志供稿。你对杭州的Yusho-te（作者注：于树德）同志也可能进行一些帮助，他对土地革命工作特别感兴趣，我们在这方面必须着手搞起来。我们要收集资料，有可能的话在月刊上进行讨论。前进吧！请帮助我们！在离开之前，我希望能见到你。请来信并写明你的地点，使我能经常给你写信，即使我在国外，也能给你去信。

　　致以敬意

　　　　　　　　　　　　　　　　　　　　　　　　　你的同志

从这封信看，党中央在消除了对李汉俊的误会和纠正了对他的错误处分后，对他寄予厚望，主要在三个方面：第一，请他在宣传方面发挥作用，具体地说就是帮助党的月刊《前锋》，使它有所改进，成为一种战斗性的刊物。第二，在北京帮助李大钊将国民党改组为"民族革命政党"。第三，回到湖北，帮助那里的组织，与破坏工人组织进行斗争，并参加统一战线的工作。

接到这封信，他也是很激动的。当时他有多种选择：一是继续留在北京，在外交部，每月薪金120元；一是到上海大学任社会学系主任，每月薪金150元，教上12小时增加50元；一是回到武汉。这时他接到国立武昌高等师范学校校长张继煦[①]的聘请，任该校专任教授，虽然每月薪金不到100元（后来只有48元），但他觉得回到家乡，"对国家社会的益处大点"[②]。

在开学的前夕，他回到了武汉。他立即与武汉地区的党团组织取得了联系。1923年9月23日，中国社会主义青年团武昌地委负责人刘昌群等在致团中央负责人的信中报告了这件事："汉俊兄近谈颇恰，伊在师大教授，听讲人数颇多！外专、中华均有同学来旁听——想半年后，师大空气当有变更了。待人才造就渐多，然后我们的事情才有办法啊！"由于资料的缺乏，目前还不清楚的原因，他实际上并没有参加党的活动，只是担任武昌高等师范学校历史社会学系的教授，而且很快卷入到学校的一场内部斗争的旋涡中。

国立武昌高等师范学校的前身是张之洞创办的湖北自强学堂，1913年在此基础上建立。它是我国最早的高等师范学校之一，在全国具有很大的影响。1922年初，李汉俊从上海回到武汉后，即在该校担任教授。1923年7月改名为国立武昌师范大学。学校情况相当复杂，派系较多，新旧斗争时有起伏。

1922年9月，进步人士耿丹到校任教授兼教务主任。耿丹（1891—

---

[①] 张继煦（1876—1956），字春霆。湖北枝江人。出身于书香世家，早年留学日本，与李书城办《湖北学生界》。1920年任安徽教育厅厅长。1922年6月代理武昌高师校长，次年9月出任国立武昌师范大学校长。新中国成立后，任湖北省参事室参事。

[②] 李汉俊致张春霆、李廉方的信，1923年9月29日。

1927），字仲钊，湖北安陆人。早年毕业于湖北陆军小学，1910年参加革命团体共进会，次年参加辛亥革命。1912年到英国，入牛津大学，获博士学位。1919年归国后，在北京大学等校任教，并从事民主活动。他与李汉俊有着非常友好的关系。后来他参加了国民党，成为国共合作时期的坚定左派，与董必武、李汉俊一起战斗在国民革命第一线。北伐战争时期，参加北伐，任国民革命军第十五军副军长。大革命失败后，1927年9月8日被反动军阀杀害。他到武昌高师后，在李汉俊等支持下，致力于改革，力谋扫除积弊，延揽人才，形成"改革派"，时称湖北四大教授之一。

他们的改革遭到学校的"经心派"所攻击。1923年6月在"经心派"的策动下，有的学生把矛头对准耿丹，迫他"洁身引去"。新学年伊始，他们又排挤李汉俊与国文系主任胡小石、英语系主任陈醒庵、文学地史系主任钱秭陵等教授。9月29日李汉俊睹此情景，仗着与校长张继煦和事务主任李廉方①有二十多年的交情，给他们写了一封信，"谏言历述学校现状及种种缺陷，冀其及早省悟"②。

10月4日，李汉俊因没有得到校方满意的答复，提出辞职。次日李廉方也贴出辞职书。当月13日校长张继煦离校去京，旋即给学校去函，提出辞职，继而事务主任、教务主任和有关老师或提出辞职或停课。学生也形成两派。10月18日一部分理科学生集会，决定派学生上京挽留校长，"请其即日归校"③。同时主张驱逐耿丹等教授（初为五人，后扩大为七人）。次日另一部分学生反对18日会议的决定。22日学校组织了"校事和平维持会"。24日，两派学生因口角几乎发生武斗。这样在教师和学生中的斗争愈演愈烈。

---

① 李廉方（1879—1959），名步青。湖北京山人。早年留学日本，回国后，参加辛亥武昌起义。在民国时期，曾任河南教育厅厅长、河南大学文学院院长、武昌高等师范学校事务主任、湖北通志馆副馆长等职。新中国成立后，任湖北省人民政府委员。
② 《江声日刊》1923年10月23日。
③ 《江声日刊》1923年10月27日。

这次风潮，在张继煦看来是"酝酿很久，而发端在李汉俊先生"①。对此李汉俊并不否认，但他有一个说法。首先，人生在世，固然第一在吃饭，第二是做有益国家社会的事。在有两碗饭可以被选择的时候，就不能以哪碗饭好吃为标准，而要以对国家社会有益处为标准。他认为武昌师大是湖北的文化中心，学生又"爱我甚厚"，因此觉得吃师大这碗饭，对国家社会的益处要大点②。

其次，学校的状况很令人不安，为什么校方不把有限的钱拿去置办图书和教学仪器，而修理不关紧要的门楼？为什么破坏校章收新生的伙食费，拒有志的穷学生于校门之外？为什么把应当分班的教授科目合起来，既不便于学生，又破坏了规定？为什么事务主任谩骂教师等等，他认为这些"皆于学校成绩及使学校为文化中心的问题，有莫大的关系"③。

最后，为此只有求教育（具体说寥寥数校）趋向改良，彻底的革新还不可能，"苟勉强求之，恐怕彻底的革新未得到，学校自身就要先没有了"。所以风潮起来后，他主张"湖北人拿湖北的钱在湖北办学校，应以发展湖北文化为目的，抬高学校地位"，"湖北人皆应协力谋湖北之进步"。他希望大家以湖北教育为重，抛弃以前误会，"协力为校"④。

实际上，如果重温一下1919年10月，他给挚友董必武的信，就会发现，上述见解表明他的思想已经倒退了。那年8月董必武回到武昌时，与李汉俊以上的思想一样，他想通过改造湖北教育会，来改造社会。结果这一善良的愿望成了泡影，他很苦闷，李汉俊写信给他，指出社会改造之途，是无法通过教育这一个局部改造的途径来达到的，只有实行彻底的全局改造，教育及其他社会的弊端才能得到根本的解决。自那以后，董必武前进了，可是李汉俊却从全局改造论退到教育改造论。这对李汉俊来讲不能不

---

① 《江声日刊》1923年11月15日。
② 李汉俊致记者（1923年11月8日），《江声日刊》1923年11月14日。
③ 李汉俊致记者（1923年11月8日），《江声日刊》1923年11月14日。
④ 李汉俊致记者（1923年11月7日），《江声日刊》1923年11月10日。

说是一个悲剧。

正当武昌师大风波高潮的时候，萧楚女恰好路过武汉。他原名树烈，字秋，于1893年出生在汉阳的一个破产的木商人家庭。因家庭中道衰落，没有受过良好的教育，从小就流浪四乡，做过堂倌。他凭着顽强的毅力和刻苦的精神，自学成才，成为一名编辑。1922年参加中国共产党。这时他是重庆《新蜀报》的主编，他的文章针砭时弊，文笔泼辣，深受进步青年的欢迎。

他以一个记者特有的敏锐的目光审视武昌师大的这场斗争，以"匪石"的笔名在报刊上发表了《大学生底生活须要有"自我意识"》（《江声日刊》1923年10月25日）、《对于师大风潮底批评》（《江声日刊》1923年10月15日），以及给《江声日刊》记者的信（主要的信登载在《江声日刊》1923年11月16日上）等，对这场风波进行了评论，就像建党时期，李汉俊评论学生运动那样。

他没有就事论事，也没有将自己放在裁判的地位，而是深刻地审视这场"运动"，向学生指出一条正确的奋斗之路。他写道："凡爱护中国文化的，对于武昌师大这次风潮，都应该站出来用极严厉的公平的耳目监察着。我爱师大，我不愿中国底大学教育中，有我们所不喜欢的——卑鄙的党派之争——存在、滋长；所以我要来批评一下。"

首先学生应该发扬五四精神，"以自动的意识"，投身到当前反对帝国主义和封建军阀的爱国斗争中去。其次学生的"择师运动"应该是本着为"自己底幸福，须得自己去开辟"的精神，"去挑那民族、国家底文化重担"，不要被那些染上官僚、政客习气的教员所利用。再次这场风潮"本起于教职员双方之间不和协，原与学生无干"，可是学生卷了进去。学生不是站在公平的地位，"扶直者以惩挫曲者"，而是受人利用。他具体地批评了一部分学生冒"全体学生"之名，为李廉方代辩的行为，希望学生看清中国教育的现状，认清"现今在教育吃饭的，除少数自爱的，大概都只是些变相的政客、官僚……他们有哪一个能硬起骨头，在政治上说一句良心话；哪一个敢不奉什么督军底命令而不参与任何官僚式的提灯大会？大凡喜欢向学生卖弄自己底感情，言三语四，常常夹着抬高自己，暗示学生排斥别人"。他要纯洁的学生应"明白一点'世故'，不要那样以赤子之心论世"。最后他批评了李汉俊的妥协，指出："'不完全则宁无'，这句格言，是宇宙间一切生命向前发展的唯一圣律。革命的改革事业，不是'妥协'所能得到什么意义的——希望'不愿中国民族做了时代落伍者'的朋友们考虑考虑！"

四年后，在蒋介石发动反革命政变后的第三天（1927年4月15日），萧楚女——这位中共早期的理论战线的优秀战士，在广州被国民党杀害。他在武汉发表的有关武昌师大风潮的两篇文章和给《江声日刊》记者的三封信，是他留在自己家乡的珍贵的文字资料，也是他与李汉俊的一段笔缘。

## 令人痛惜的错误

在武昌师大期间，在李汉俊的政治生涯中，发生了一件至关重大的事，即他被中国共产党开除了党籍。他为什么被开除？什么时间被开除？由于缺乏档案资料，当事人又相继去世，而他们留下来的文字资料说法也不一致，以至成为一个谜。目前根据所掌握的材料，做如下的探索。

关于第一个问题，最早见之于文字记载的是1925年10月15日（在此之前，中国共产主义青年团武昌地委给团中央的报告中已出现李汉俊反动的事，但缺具体的内容）。中国共产主义青年团武昌地委给团中央的信中，专门报告了李汉俊分裂党的活动。信中写道：

李汉俊等近来极反动，他们预备积极向我们进攻，组织独立社会党。他们的纲领规定三个进行时期：

1.与资产阶级妥协时期；2.夺资产阶级政权时期；3.成功时期。

他们的政策是：1.联络一切反共产派打例C.P.C.Y；2.与胡适之等名人勾结；3.设法拉拢戴季陶；4.拉冯玉祥（他自己说冯玉祥要他最近去）；5.与日本无产者政党联合，反对第三国际。

他们的组织是：1.从各校学生着手；2.组织法如我们；3.预备办数大学作为他们的穴巢（预备将来派人到日本留学作为工作人才）。

李汉俊、胡鄂公①等最近曾开过几次进行的会，人数只十数人，据李说湖北有几百人与他们表同情，到人拉得很多时，再开成立大会。

他们还要周佛海在广州、李达在长沙、戴季陶在上海，以及在四川、北京等地找人负责。团地委除派施洋的弟弟施季皋加入他们的团体"探听消息"外，还要求各支部向团员"说明汉俊等之丑史"。从信中披露他们的纲领来看（三个时期），他们的政治主张与后来陈独秀的"二次革命论"有相似之处。

1926年2月10日，蔡和森在《关于中国共产党的组织和党内生活向共产国际的报告》中也提到了这件事。他报告："李汉俊是前中共中央委员，因有这一倾向（指孟什维克主义的倾向）而被开除出党。现在他组织了新的民主党，这个党在党的策略上一半同意第三国际，一半同意第二国际，在对外政策上，这个党的方针是亲日反苏。"②

不久蔡和森在《中国共产党史的发展（提纲）》（《蔡和森的十二篇文章》第25—26页）中，对李汉俊的政治主张有了十分详尽的评述。据这份资料透露，在中共二大时，陈独秀曾致电叫李汉俊参加会议，他没有参加，但写了一份意见书，托振法同志从河南带至大会。虽然目前没有看到这封信，但

---

① 胡鄂公（1883—1951），字新三。湖北江陵人。早年参加革命党，1911年参加辛亥武昌起义，任国会众议院议员、湖北政务厅厅长。1920年在北京参加马克思主义研究会，旋加入中国共产党，曾任反帝国主义运动大同盟主席团委员、中国国民党北京特别支部书记等职。1943年在桂林脱党。上海解放前夕，去台湾。1951年10月8日在台北病故。
② 《中央档案馆丛刊》1987年第2期。

蔡和森的文章中介绍了李汉俊的主张。这份意见书，说明了李汉俊对于马克思主义的见解。李汉俊并非根本反对劳动运动，而是因种种缓急而主张先做学生运动。他反对加入国民党，是以为我们这样幼稚的组织而与别党合作完全是空话。对党的组织，他主张采用苏维埃联邦宪法为原则，合乎无政府主义的倾向，因中国经济不发达，交通不便利，故中国共产党无集权制的必要，且目前亦无集中组织之必要。例如中国过去都是专制的，如中国共产党实行新中央集权制必流于覆辙。蔡和森还具体将李汉俊的政治主张归纳成九条，即第一专门宣传学生；第二反对做劳动运动；第三认为学生是党的基本势力；第四反对政治运动和宣传；第五反对有政治机关报；第六反对中央集权制；第七怕工人入党；第八反对加入国民党；第九反对领薪水。

蔡和森参加了中共二大，并且被选为中央委员，应该是这封信的见证人，可是这当中有疑点还须要解决。

第一如果这封信是二大时交给党中央的话，那么写信的时间应该在1922年6月前，这时李汉俊正在武汉。前文已根据党的文件、当年报刊的记载，说明他一贯支持工人运动。他还是京汉铁路大罢工的积极参加者。第三年，在京汉铁路大罢工一周年纪念时，武汉地区党团组织在《江声日刊》的"青年旬刊"（是党控制的宣传阵地）出了"二七特刊"。他在上面撰文，热情歌颂工人运动。

第二说李汉俊反对党有政治机关报，也在事实上很难说通。因为他一贯重视宣传，曾负责党的机关刊物《新青年》，支持李达办《共产党》月刊。在中共三大后，党的某负责人交给他的主要任务，就是希望他在党的机关刊物上发挥作用。

第三说李汉俊反对政治运动，也值得研究。因为中国共产党成立后的政治运动，就是发动工人阶级对帝国主义、封建军阀进行斗争。没有材料证明李汉俊反对与帝国主义和反动军阀作斗争，相反他是冒着生命危险投入战斗的。

第四说李汉俊反对参加国民党,据蔡和森的文章来看,李汉俊并不反对党的统一战线,只是反对在组织上加入国民党(党内合作)。这在当时党内是普遍的认识,并非他一人。1922年4月6日(在中共二大召开前夕),陈独秀给共产国际代表的信中,就声明"广东北京上海长沙武昌各区同志对于加入国民党一事,均已开会议决绝对不赞成,在事实上亦已无加入之可能"。中共二大上作出了同国民党建立"民主联合战线"的决议,并没有接受马林要共产党人参加国民党的意见。共产国际执委会主席团于1922年7月18日正式决定在中国实行马林关于国共合作的建议。同年8月,在西湖会议上,中共中央才决定劝说全体党员加入国民党。

有资料表明,蔡和森不仅在此之前反对共产党员加入国民党,而且在中共三大上对此还存异议,并设想成立一个名叫"独立工人党"的独立的工人阶级政党。因此"反对参加国民党"在二大上不是问题的问题,到1926年蔡和森的报告中却成为李汉俊的错误之一。很显然蔡和森的报告受到李汉俊后来被党开除的影响,同样存在情绪化和共产国际路线斗争的影响,他罗列的李汉俊"错误"并不都是当时的错误(至少这一条)。

有意思的是,李汉俊后来成为中共国共合作政策的坚定执行者。他被党开除后,积极参加北伐战争,成为国民党左派。远离祖国的蔡和森不知道,几乎与他在莫斯科作报告指责李汉俊反对参加国民党的同时,中共中央给中共湖北区委指示,要他们团结蒋作宾、李汉俊等国民党左派。中共湖北区委积极展开卓有成效的统战工作,董必武与他们发生了密切的关系,1926年9月7日,中共湖北区委给中共中央的政治报告内称:"关于来函中四项示以拉拢左倾分子,具体点说,对于蒋作宾、李汉俊等要发生很密切的关系,以对付更反动卑污的分子问题。这点据董必武同志所云,他个人已与他们发生了很密切的关系,如蒋作宾尽力地拉住他,李汉俊也能受他的指挥去工作。将来当本这个原则,按当时情形决定我们与他们发生关系的程度与方式。"

最后如果将蔡和森的报告与中共在三大后给李汉俊的信对照来看的

话，更应该重新研究这些疑点。

自从马林1923年6月25日给李汉俊的信被发现，对这个问题的认识有了可靠的资料依据。马林是共产国际派到中共来的代表，在中共一大和三大期间，他基本上在中国，因此他对情况是了解的。何况他的档案中与此有关的是1923年5月31日写给共产国际的报告，不可能受到后来事态发展的影响，因此鉴于他所处的地位和文件的时间，他所提供的材料应该是真实的，并具有权威性。

根据这些资料，目前对这个问题的认识是：在一大后，李汉俊与陈独秀、张国焘等在一些具体的政策上有一些分歧。例如党的组织原则民主集中制，他可能是对陈独秀的家长制不满，强烈主张不要集中制，他的观点是革命靠"少数人去争取多数群众是策略上的错误"。他强调知识分子的作用，"主张在知识分子中进行宣传，主要是理论宣传"。这些思想在京汉铁路大罢工后，更加突出。中共二大后，党内存在以张国焘为首的小集团，中共中央委员会间的"人事冲突导致了他退党"。从马林的这封给共产国际的信来看，李汉俊在京汉铁路大罢工后，即在北京的日子里，就自动退党了①。这当中由于他通过其兄李书城的关系，在北京政府的教育部等机构做事，曾受到中共的处分，也是他退党的原因之一。对于李汉俊的退党，马林是十分惋惜的，他在该报告中指出"这样我们失去了一个优秀的理论干部"。

就在马林写信给共产国际的同时，由于马林的意见，中共中央决定请李汉俊到广州参加中共三大，但不知什么原因，他没有出席。尽管如此，

---

① 关于李汉俊脱党与被党开除的经过，根据有关档案和资料综合起来，情况大致是这样的：据李汉俊于1927年9月10日填写的《湖北省改组委员会职员登记表》，他于1923年5月5日给党中央写信退党。但党中央没有接受他的退党。同年6月在中共三大上还选他为中央候补委员。随后，他接受了马林的指示，回到武汉，与武汉党团接上了关系。1924年不知什么原因，党开除了他。1926年年底中共湖北省委曾经讨论恢复他党籍的问题，报中共中央，没有下落。1927年12月17日，他被国民党桂系军阀以"共产党"的罪名杀害。

在三大上，他还是被选为候补中央委员；接着，马林给他写信。这两件事表明党对1923年6月以前的事做了小结，对李汉俊于此之前在党内的功过，应该以这封信为准。

三大后，不知是什么原因，李汉俊没有在党内发挥作用。就他主观上讲，他的思想确实倒退了，由共产主义倒退到资产阶级的民主主义。换句话说，他的政治主张与孙中山的三民主义贴近，所以董必武后来认为他的思想属于"急进的小资产阶级"是有道理的。这在他被开除出党与恢复党籍前后有三件事可以说明。

第一件事，二七惨案后，他在北京期间，曾联络、帮助胡鄂公等在国会提出提案，要求国会公布工会法，想通过这种立法手段取得工会的合法地位[①]。这说明他对国会存在幻想，有改良主义的倾向。

第二件事，他从北京返汉后，在武昌师大风潮中的主张也是带有改良主义色彩的。

第三件事，在五卅运动时，武汉发生了六一一惨案。江城人民在中国共产党的领导下，展开了声势浩大的反对帝国主义和军阀的斗争。北京政府派特派员邓汉祥到汉口调查，企图将这场反帝爱国运动纳入政府交涉的轨道，他则表示欢迎。

李汉俊离开党的客观原因，从蔡和森的报告，沈雁冰、包惠僧的回忆等资料来看，还与陈独秀的专横、张国焘的打击有关系，这是造成他消极脱党，进而被党开除的原因之一。

关于第二个问题，也有多种说法。包惠僧在1978年11月9日回忆：李汉俊"1922年被党开除党籍是党中央决定的，我在武汉当书记时，由我在党员会上宣布的"[②]。陈潭秋回忆："李汉俊因为一贯保持其右倾观点，并

---

① 李伯刚：《回忆李汉俊》，《党史研究资料》1982年第7期。
② 中国社会科学院现代史研究室等编：《"一大"前后》（二），人民出版社1980年版，第380—381页。

与北洋军阀、政客相结纳,放弃了党的立场,在四次代表大会上被开除党籍。"①蔡和森在1926年所著的《中国共产党史的发展》中写道:党内大多数同志"直到第四次代表大会都对汉俊表示同情"。

很显然包惠僧的回忆是不准确的,因为1923年6月25日马林给李汉俊的信,清楚地说明这时他还是中共党员。有关党的资料也表明,他在三大上被选为候补中央委员。目前所能够看到的党团文件,是1924年1月李书渠给团组织的一个声明,从中知道此时他与党还有关系。

笔者为此访问过郑超麟。他在四大上担任大会记录,他认为李汉俊在中共四大前已被开除出党。此外,彭述之关于中共第四次全国代表大会给中共旅莫支部同志的信,张伯简关于中共第四次全国代表大会和团的第三次全国代表大会给莫斯科东方大学同志的信,以及目前所能够看到的四大文件,均未记载开除李汉俊的事。

1927年12月26日,在李汉俊被害的第十天,中共中央机关刊物《布尔塞维克》第11期,针对报纸上登载李汉俊是共产党员一事,发表了"奇"的《冤哉枉也李汉俊》的短文,加以澄清:"李汉俊曾经加入共产党,1924年被共产党开除。"为此,笔者访问了曾担任《布尔塞维克》编辑的郑超麟。他说:"我当时可能用'奇'","刊物的短文不论是谁写的,总是得到湖北地方党委给中央报告作依据,不会捏造事实。"同时他对"开除"这个提法,做了解释,"有两种情况,一种是某人公开反对党或者犯严重错误,党讨论决定宣布开除;另一种是某同志长期不参加党的工作,不参加党的生活,只好说'开除'"②。

---

① 中国社会科学院现代史研究室等编:《"一大"前后》(二),人民出版社1980年版,第286页。
② 1922年7月中共二大制定的《中国共产党章程》中规定凡党员有犯下列各项之一者,该地方执行委员会必须开除之:言论行动有违背本党章程及大会各执行委员会之决议案;无故连续二次不到会;欠缴党费三个月;无故连续四个星期不为本党服务;经中央执行委员会命令其停止出席留党察看期满而不改悔;泄露本党秘密。

据此，笔者认为，李汉俊在中共四大前已被开除党籍应该是可信的。据此推测，李汉俊因与党（包括个人）的某些政策有不同的看法，加上自己不"重视党的纪律"[①]，以及"向有'可留则留，不可留则去'之洁癖"[②]，遂造成他长期脱离组织。党曾做过工作，但没有改变他与党的关系，遂于1924年将他开除。

## 五卅运动前后

李汉俊在武昌高师，担任历史社会学系的教授。他专门开设了唯物史观这门课，成为我国高等院校第一个将唯物史观列为高校教材的教授。他编写了《唯物史观》（上下册）的教材。这本教材现在还完整无缺地保存在他的学生赵春珊的后人手中。他用极其浅显易懂的道理，讲述了人类发展史，综述了各种哲学流派，阐明了唯物史观的基本原理。为了使学生更好地掌握这个科学理论，他还精心绘制详尽的唯物史观公式，使学习者一目了然。

长期以来，学生们接受的是"三界唯心"的教育，认为"人为万物之灵"，世界的一切都是人心——意识创造出来的。听了李汉俊的课后，他们开始认识到世界是物质的世界，"经济条件，决定人类的意志"。上层建筑是由经济基础决定的，这是天经地义的，也就是说人类的意志，是经济基础的反映。因此上层建筑如伦理道德、政治制度、文学艺术都是随着一定经济基础的发生、发展而存在、死亡。如果认为世界是大圣大贤、聪明睿智想象出来的，就是唯心主义。如果不承认上层建筑能够促进经济基础，

---

① 李伯刚：《回忆李汉俊》，《党史研究资料》1982年第7期。
② 李汉俊致记者（1923年10月28日），《江声日刊》1923年10月30日。

不承认意志的反作用，就是机械唯物主义。

在学生中普遍存在着英雄史观，认为英雄造时势，对于中外的英雄，如秦始皇、汉武帝、华盛顿、拿破仑等格外崇拜。以为如果不是这些英雄人物的出现，就不会有伟大的煊赫一时的文治武功。李汉俊通过对中国近代史出现的英雄人物的出现和沉落，说明是时势造英雄，而不是英雄造时势。

他还在大学里开设了社会学。这也是一门新科目。什么叫社会学？那时，对于新科目一般是引用欧美和日本的各种学派，莫衷一是。李汉俊有自己的见解，他说：有人认为社会是生物特有的现象，但生物之中，如植物不能有社会；动物之中，不同种类的动物，如牛羊与人不能成为一个社会。同一动物有时结合，有时分散，不能成为巩固的社会，比如虎与虎，不能结成社会。他通过一步一步的推理，最后做出结论：社会是"同类的有情者生命上相互必需的关系"，社会学就是讲这种关系的学说。有些学生觉得他的定义下得过于冗长，且抽象，他们根据严复所译的《群学肄言》，则认为社会学就是"群学"①。

李汉俊在历史社会学系筹建了历史社会学研究会，一些进步师生纷纷参加，共产党员任开国、季永绥等主其事。他们在学校内办起图书室，收藏许多马克思主义的书籍和进步书刊，吸引了许多学生。李汉俊以历史社会学研究会为核心，团结了一批进步学生，展开活动，"形成了政治思想上的左派"②。

为了扩大宣传阵地，在邵力子的支持下，1924年12月1日，由武昌师大历史社会学研究会编辑的《社会科学特刊》，在上海《民国日报》上与广大读者见面了。在当时的报纸上，由一个学校的研究机构办一个特刊是罕见的，也说明李汉俊等宣传社会科学是不遗余力的。特刊每周出一

---

① 赵春珊：《关于李汉俊》（1981年3月），未刊稿。
② 曾昭安的回忆记录（1972年12月），原件存武汉大学档案室。

期,李汉俊写了《发刊旨趣》,表明该刊主要以宣传社会主义和社会科学为宗旨。特刊上发表了李汉俊的《社会主义底派别》,季永绥的《产业革命》《唯物史观》,任开国的《经济学之经济性》等文章,都获得读者的好评。

将这个时期李汉俊的宣传与他在建党时期的传播相比较,不难发现,这一时期,他的文章多了一些学理性、"系统"性,但缺少了战斗性、时代性。在他的文章里,再也见不到那些战斗的呐喊、彻底的革命意识和强烈的时代精神。在《社会主义底派别》里,他"客观"地对社会主义各个派别进行了评述。从表面上看,似乎没有什么问题,但在1925年,马克思主义有了进一步的传播,中国共产党已经是第三国际的成员,党十分明确地进行俄国式的革命,也就是说中国共产党已经确定了苏联式的社会主义方向,而且党对议会派的社会主义进行了批判。因此这个时候,进行对各社会主义派别的"客观"介绍,特别是还用肯定、赞许的语言对非马克思主义的社会主义做评述,如对所谓议会派社会主义,他认为"这一派的好处,在无须流血的革命,并且在社会主义未实现以前,劳动阶级多少也能得到改良"[①],显然这对革命是不利的,只会模糊革命的方向。

1925年5月30日,五卅运动在上海爆发,中国迅速掀起了反帝爱国狂飙。5月31日,汉口《江声日刊》在武汉地区首先刊登了全国学联有关五卅惨案的电文。噩耗传来,武汉震动。愤怒万分的江城人民立即动员起来,投入到反对帝国主义的新风暴中。6月1日,以中国共产党人为核心的中国国民党湖北省临时党部(7月中旬正式成立,以下简称省党部)接到国民党上海执行部的电告,当即发紧急通启于各县党部及各人民团体,并下全体动员令。省党部立即成立了援助五卅惨案运动临时指挥部。武汉地区的中国共产党及团组织,同时紧急动员全体党团员投入战斗。

---

① 李汉俊:《社会主义底派别》,上海《民国日报》1925年6月8日。

6月2日武汉学生冲上街头，举行了爱国大游行。次日，汉口英美烟草公司的中国工人，首先举行大罢工，声援上海人民的反帝斗争。在工人和学生的推动下，武汉地区的民族资产阶级也举行了游行示威。武汉三镇沸腾起来了。

面对江城人民如火如荼的反帝怒潮，英帝国主义极端仇视和恐惧。它调来军舰，巡捕在租界内加紧巡逻。英国巡捕与码头工人发生冲突、殴伤中国工人的事件时有发生。10日下午4时许，英国太古公司武昌轮抵汉后，该公司一名职员又寻隙重殴码头工人余金山，并打伤另外两名工人。此事更激起码头工人的极大的愤慨，群起抗争。11日，数千码头工人举行游行示威，强烈抗议英帝国主义分子殴伤中国工人的暴行，坚决要求严惩凶手。

这时，一艘英国军舰公然越界停泊在江汉关上侧苗家码头，向武汉人民示威。于是，罢工工人和广大群众聚集在河街及江汉关前，愤怒抗议英帝国主义的挑衅。晚7时许，人们越聚越多，英国巡捕上前驱逐，群众不服，群相噪逐。英国驻汉总领事悍然命令海军陆战队全副武装登岸，各国义勇队同时全副武装出动。英国水兵驱逐群众时用刺刀挑伤太古公司打包工人刘国厚，顿时群众愈加激愤，奔走求救。英国军队将前、后花楼铁门关闭，断绝交通。游弋在江面上的外国军舰掉转炮口示威。各国义勇队和英国海军陆战队在租界各要口处架设机关枪，并在英国军官的指挥下用刺刀驱逐群众。

一部分群众用石块、长杆与之搏斗，大部分群众沿歆生路（今江汉路）向北狂奔。群众冲到华英交界的湖北路大智门之间，被中国军队强行赶回。此时各国义勇队和英国水兵突然从北京街冲出，用机关枪横扫，一时弹如雨下，当场死40人，重伤17人，其中死者罗良安仅13岁。

汉口六一一惨案引起全国人民极大的愤怒。江城人民以无比仇恨和愤怒的心情迅猛地掀起更大的反对帝国主义的风暴。李汉俊积极投入到这场爱国运动中去。五卅运动发生后，他就参加了武汉人民对沪案的声援斗争。

6月5日，湖北省教育会举行会议，他参加了会议。会议决定成立湖北沪案外交研究会，他是成员之一。第二天，该会宣告正式成立，宣言提出对英交涉七条：1.惩办凶手；2.撤换上海日、英领事；3.抚恤死难者家属；4.取消码头捐及印刷附律；5.收回日、英在华领事裁判权及租界；6.释放被捕华人；7.日、英政府正式向中国道歉。

汉案发生后，李汉俊倾尽全力参加了围绕汉案交涉的各项活动。6月24日，北京政府特派调查汉案专员邓汉祥到汉，他参加了欢迎邓汉祥的活动，并且对邓汉祥对英交涉表示支持。6月30日，武汉各界民众五万余人在武昌阅马场举行集会游行。他走在游行的队伍里，和广大民众一起高呼："惩办凶手！""抗争汉案、对英经济绝交！""援沪粤案，猛力奋斗！"

7月5日，武汉各法团外交后援会在省议会召开联席会议，讨论对英日经济绝交办法。李汉俊代表学界外交研究会，报告该会提出保障人权案和汉案抗议条件。汉案抗议条件的内容：1.撤换英国驻汉领事及其他凶犯；2.即时解散汉口英界义勇队，并撤退英国兵舰；3.赔偿伤亡者之损失，死者每人五万元，伤者每人三万元；4.即时收回英国租界及领事裁判权，并取消其轮船公司；5.英国政府正式向中国道歉；6.英国政府须声明以后再不得对于中国人民发生惨案事件；7.英国商船及兵舰，以后均不得航泊中国内地，其兵舰非系照国际公法，亦不得擅自航泊领港；8.收回英国之中国税关管理权，各税关并不得任英人；9.英国在中国内地设立之工厂，须完全服从中国法律；10.废除中英一切不平等条约。

次日，湖北各工团召开联席会议，公推李汉俊等四人为"对汉案应提条件"的审查员，向政府提出对英先决条件和本案条件：（甲）先决条件：1.撤退英军舰，解除义勇队及印捕武装；2.英租界由我国军队驻扎保护；3.英领事须声明不再有伤害及侮辱华人之行为。（乙）本案条件：1.收回租界，取消领事裁判权及其他一切不平等条约；2.撤惩本案直接负有责任者及引起此次重大纷扰之主要人；3.赔偿伤亡及因本案所受之一切损失；

4.英军舰不得航泊内地，非依国际法不得航泊领海；5.取消海关雇佣英人之管理权；6.英国在内地设立之工厂，应服从中国法律；7.英政府向我中央政府及本案发生地方政府道歉。

7月1日，李书城等七人作为湖北旅京同乡代表到汉。李汉俊作为湖北各法团外交后援会的代表与李书城等一起，与湖北督办萧耀南进行交涉，敦促地方政府与英国进行汉案交涉。9月7日，武汉人民在中国共产党的领导下，举行了声势浩大的水陆大游行，李汉俊与董必武等参加了爱国活动。

在汉案高潮中，李汉俊在中共湖北地方组织和共青团武昌地委合组的妇女运动委员会领导的《湖北妇女》第8期（8月25日）发表了《反对帝国主义运动之意义》一文。他指出在认识当前反对帝国主义已经是世界的必然趋势之前，应该认识什么是帝国主义。帝国主义是资本主义发展到最高的一种形式。资本主义自从18世纪工业革命诞生以来，经过漫长的发展，到20世纪初，资本高度集中，结果形成了经济集中在少数资本家手里的形式。

它们握着全国的命脉（财产），"任意妄为的压迫国内各阶级的民众，掠取无产阶级的血汗，增加它们的资本"，"又借着武力征服弱小民族，缔结不平等条约，以便在政治上取得特殊的地位，侵其领土，变为伊之市场"。它们贯彻的是武力政策，抱定利己主义、侵略主义，时时因利益的冲突，而发生激烈的战争，"这里面的牺牲者，自然是世界下层阶级的人民"。帝国主义是国际的，是世界各国人民及弱小民族不共戴天的敌人。

因此现在各国下层阶级的人民和弱小民族，不仅有反对帝国主义的可能，并且有联合的必要，形成全世界反对帝国主义的运动。各国下层阶级人民大众要求经济解放，各弱小民族要求民族解放。前者叫作社会革命，后者叫作民族革命运动；这两种运动联合起来，就是整个的反对帝国主义运动。

在武昌师大内，国家主义派也有一定的势力和影响，在五卅运动中，他们企图将水搞浑，将斗争矛头对向中国共产党和苏联，在学生中经常引起激烈的争论,甚至武斗。李汉俊和陈潭秋等共产党员坚决反对,不断地揭露国家主义派的伎俩。

五卅运动后,武昌国立师范大学校长石瑛①秉承军阀萧耀南的旨意,命令学校提前放假。大部分学生离校,因而没有考试。秋季,附中学生返校后,石瑛派人代附中教员出考试题考学生,且试卷不由附中教员评阅。附中教员十分气愤,于12月3日一致辞职。国家主义派利用了这次学潮,使形势变得十分复杂。

附中四年级学生首先倡议全校罢课以示抗议,同时以附中学生自治会的名义发宣言,痛斥石瑛追随反动军阀,迫害学生的罪行。4日清晨,附中百余学生整队到武昌师大本部,将校长办公室围住,跟石瑛论理。石瑛仗着校长的"权威",破口大骂。学生大怒,齐声喊打。石瑛不得不交出校印,答应辞职。

军阀萧耀南闻讯,立即派军警拘捕学生领袖,强令学校"暂行停闭,听候查办"。李汉俊等立即发动大学的进步学生举行罢课,声援附中学生。12月11日,武汉地区各学校一致罢课,前往督办署请愿,要求释放学生。18日石瑛迫于形势,只好辞去武昌师大校长职务。石瑛离校后,李汉俊、黄季刚等教授出面,组织了校务维持会,主持工作。

这时,李汉俊与党中央的关系有了改善,陈独秀请他到上海大学执教。1926年春,他到上海,接替郑超麟在社会系的教学工作,主讲《唯物史观》。在五卅运动一周年之际,他应邀在上海各团体纪念会上发表了演讲。

随着与党的关系改善,李汉俊似乎又找回了建党时期的感觉,在他的文章里,又洋溢着虎虎生气。1926年9月1日在上海《民国日报》上,他发表了《知识阶级应有的觉悟》。这时候伟大的北伐战争已经在我国南方

---

① 石瑛(1879—1944),号衡青。湖北阳新人。前清举人,曾留学日本、欧洲。1924年12月被北京政府教育部委任武昌师大校长。他是国民党中央执行委员。抗日战争时期,任湖北省临时参议会会长。1944年在重庆病故。

轰轰烈烈兴起，他写道："中国今日的政象，的确是划然形成两个方面。一方面是政治情形的腐败不堪，人民实在忍无可忍，一方面是建设新政府之要求。前者须要知识阶级去反抗，去奋斗。后者须要知识阶级积极工作，鼓吹新思潮。"

他批评了英雄史观，"那些日日希望'真命天子'出现以救他们于水火的愚民，及那些太近于理想的、无志的无办法的日日希望一个大英雄出现的以外，都会承认的，'真命天子'是永远不能在中国出现了，那具有旋转乾坤而抱民主精神奋斗到底的大英雄，也未必更会诞生"。同时，他指出中国目前的知识分子无法完成时代赋予他的历史使命，因为他们绝大多数（十分之九）都是近视眼，"自私自利的，很少有牺牲的精神，互助的精神，热心去做改革的事业的"。他们"因为打自己的算盘，打得太过于仔细，心理上及行动就犯上了糊涂的，偷安的毛病，确是无可违言。年来知识阶级之助军阀官僚为恶的，充军阀官僚的走狗的，及在政治舞台上活动的，比比皆是，可为痛心！"

他批评了学生中的一种苟且偷生的人生观。他有一次碰到几个留学生，他们说：人生最要紧的是在于过上使自己安闲舒服的生活，对于实际政治切不可参加。他指出："此等人除他们自己觉悟外，无法可救的。我现在奉劝你们几句话，就是：'请你们把眼光看远一点，放阔一点。与人与社会是一体两面的，决无什么绝然的鸿沟，个人利益与社会利益实际是一致的，并无冲突，所以利群就是利己，害群终必自害。换句话说，就是希望你们高贵的知识分子的各人，须尽力贡献你们的能力于社会，不要专向社会取给'"。

他批评了在青年学生中较为流行的学术救国论。论者大唱科学学术思想发达，就能造成一个好社会、好政府。他问道：眼前的政治问题，如何解决呢？现在老百姓的苦痛，怎样能使之减少呢？况且在政治不良的国度里，想发展科学、学术、思想等等，障碍很多，有时简直行不通。他呼吁知识分子打破一切近视的小我思想，鼓励互助的精神，去从事政治之改革。等"政治澄清了，勃勃有生气的新政府建设之后，然后慢慢地来提倡文化事业。因为现在一切问题之中，最要紧的就是这个政治问题。这个问题若未经解决，任你去提倡什么，改革什么，都是事倍功半的"。

## 《中国无产阶级及其运动之特征》

1926年7月6日，李汉俊用日文在日本《改造》第8卷第8号上，发表了题名《中国无产阶级及其运动之特征》的文章。这是迄今为止发现李汉俊的唯一一篇用日文写的文章。《改造》是日本致力于社会主义宣传的重要刊物。在同期刊物上，专门介绍了李汉俊："李人杰，民国时期革命家，工人运动之领导者，京汉铁路工人大罢工之幕后领导者。曾在中国中部之某大学、某某大学任教授，目前执教于中国南方某大学，因时机不妥，不宜宣布该大学名称。李先生经常使用三四个化名，可知其现在之处境。李先生精通日文，本杂志所用之，系其以日文书写寄来之原稿。"这也是迄今发现的唯一海外介绍他的文字材料。《中国无产阶级及其运动之特征》全文约1.2万字，共分9小段。

第一，中国工人运动产生的社会背景。

他明确指出要了解中国工人运动就必须弄清楚中国的社会和中国在当今世界上所处的地位。他运用马克思主义的基本原理，分析了这一个问题。中国"是国际资本主义共同的殖民地，而且是最后的殖民地"。中国拥有辽阔的土地，众多的人口和悠久的历史文化。中国在西方帝国主义眼中还是一个"作为资本主义的剥削地和利润的实现地"。它不同于其他的殖民地，也不能与美印第安人相提并论，是资本主义更趋于理想的公共殖民地。正因为如此，西方列强必然希望要永远保持这块殖民地。

现在的资本主义已经发展到最高阶段的帝国主义。长期以来，它们利用低廉的商品、鸦片和炮弹，以种种不平等的条约等手段，使中国沦为一个西方列强的公共殖民地。它们运用雄厚的资本、优秀的技术、丰富的经验和宏伟的企业将中国资本主义生产扼杀在摇篮之中，并使中国传统的旧式生产方式处于"崩溃境地"。

同时它们为了将中国据为己有，正在不断地激烈竞争。其中最露骨的表现就是军阀纷争。各个帝国主义国家"各自扶植一方军阀，供以军火、军费（当然以借款之形式），让其通过武力统一中国，达到独占中国之目的"。这是造成中国内乱不绝的根本原因。它们为了加强统治，培植出军阀、官僚和商人（买办），使之成为为它们效命的"警察""家仆""公司之代理人"（或者商品贩卖者）。值得注意的是，李汉俊将中国的中产阶级与买办阶级区别开来，指出帝国主义的压迫，不仅剥夺了农民之土地、手工业者之生产资料，而且还剥夺了中产阶级的财产，将中国的资本主义加以扼杀。

中国曾有过漫长的封建社会，没有民主，是一个专制占支配的社会。中国的官吏特别多，"可谓官国"。他们完全靠榨取劳动大众的血汗生活，"事实上在中国，做官乃发财致富之捷径；过去如此，现在亦然"。他们与帝国主义、军阀和土豪、买办相勾结，"进行无止境之剥削"。这样造成中国劳苦大众的悲惨生活在世界是罕见的。

帝国主义控制了中国的经济命脉。一方面它们向中国倾销大量商品，垄断中国商品市场，造成中国国货失去市场，是中产阶级破产的根本原因。另一方面它们直接控制关系国计民生的大企业。如铁路，除京绥铁路外，"皆用外资建成，当然亦由外国人来管理"。京汉铁路虽然回收交通部管理，但实际管理权仍然被外国人所掌握。交通部所直辖的邮政、电信等也如此。航运事业，除招商局外，其余四分之一或五分之一为外国公司所有，"而招商局所属船舶之船长亦为外国人"。汉冶萍、抚顺、开滦为中国三大铁矿，前两家是日本人经营，后一家是英国人经营。

第二，中国无产阶级及其运动的特征。

首先，中国的无产阶级产生与西方资本主义对中国的侵略有密切的关系。由于帝国主义将中国变成它们的公共殖民地，破坏了中国传统的经济构架，造成了广大农民、手工业者失去生产手段，沦为失业者，这就为近代产业提供了大量的"雇佣劳动者"，农民成为受它们剥削的原料生产者。由于帝国主义的残酷榨取，大批的失业者，成为土匪、丘八、娼妓、窃盗、乞丐，估计大约有3000万，其中有工作的仅有200万。因此在西方资本主义看来，中国是一个十分丰富的劳动力市场。中国的工人阶级工作时间之长（日夜轮班之工厂要做工12小时，夜间做工的工厂要工作17小时）、工资之低（以1921年上海成年纺织男工为例，每日工钱最高为50钱，最低为30钱），"真乃世界第一"。

其次，中国无产阶级的斗争状况。中国工人阶级由于受到的被剥削程度是世界同行中最悲惨的，所以其斗争精神是很强烈的，并必然带上民族感情之色彩。中国无产阶级是伴随着西方资本主义对中国的侵入而诞生的，帝国主义是中国内乱的根本原因，是广大农民失去土地沦为失业者的罪魁祸首，也是造成中国无产阶级贫困的主要原因。因此无产阶级斗争主要矛盾是对准帝国主义，所谓劳资纠纷就"披上民族斗争之外衣"。中国的无产阶级从它产生时就与帝国主义进行了斗争，但没有觉悟到斗争的时代意义。五四运动是工人阶级斗争的一个分水岭，其根本原因就是工人阶级通过这场运动，已经有了民族觉醒，开始认识到中国劳动者系国际资本主义的共同劳动者，中国系国际资本主义的共同殖民地。只有中国工人阶级的参加，"政府才能屈服"，斗争才能取得伟大的胜利。"故此才有人认为中国工人运动自五四运动方始。"

中国工人阶级的斗争具有民族性，这仅是一个表象，而骨子里则具有国际性。这是因为觉悟的中国工人运动发生在十月革命之后，由于社会主义的研究与宣传日盛，中国"当然系受俄国革命之影响"，使中国工人阶级认识到帝国主义具有国际性，中国工人运动就绝不是孤立的斗争，它必然与世界无产阶级联合在一起，反对世界无产阶级的共同敌人——帝国主义。但中国的斗争又一定要披上民族性质之外衣，目前的斗争就是国民革命。"这期间值得一提的是中国共产党之态度，中国共产党一方面是第三国际（亦即世界无产阶级阶级斗争之代表）之支部，另一方面又以第三阶级民族斗争之代表加入中国国民党。"乍一看，这似乎相矛盾，但它正是中国工人运动民族性与国际性相统一的一种表现形式。

再次，引人注目的是，李汉俊在述评工人组织时，还从中国传统社会的独特视角进行透视。他认为中国长期专制社会，封建统治者是以完全剥削社会最底层之民众为赖以生存的对象。中国社会最底层的民众从本质上讲是遭受到国家的剥削（通过官吏、土豪），得不到任何保护和利益。为了生存和反抗，民众就结成秘密组织，这样他们"不但可以抵抗剥削者之压迫，还能直接解决相互之间的矛盾"；此外秘密组织还有职业介绍和互助之职能。这种秘密组织养成了三大习惯和精神：为集体生活、为服从组织纪律、为无论从客观上还是从主观上使他们成为真正的无政府主义者。这是他们在专制社会里，为了保护自己和反抗封建统治者的唯一办法。"中国工人继承了旧时代秘密组织长期以来形成之集体生活之习惯，很容易就适应了由劳动组合形成之组织。"

这当中他强调的是集体精神，而不是秘密组织中的落后的组织形式。工人阶级保持和发扬了传统的集体精神，所以，工人们就很容易结成工会，而且很容易由职业工会迅速演变为产业组织。他以京汉铁路总工会、大冶铁矿总工会和湖北工团联合会为例说明这一点，也正是因为中国工人有遵守集体纪律的传统，所以工会一旦组织，"就成为工人之国家，工人之法庭"。工会成为工人阶级最具有权威的机构。这也是"中国工人组织之所以能迅速发展成产业组织及地方、全国之联合组织，并且迅速发展成中央集权之组织，其原因即为此特征之缘故"。

最后，工人阶级运动与学生运动，通过五四运动使之结合在一起，开辟了一个新时代。李汉俊指出五四运动之所以成为一个分水岭的重要原因，就是在运动中，学生们"开始认识到只有工人阶级才是真正救国并担任国家未来的唯一要素"。由于有了这种认识，学生们便自觉地接近工人，"成为他们的朋友"，并将社会主义思想向工人灌输，提高了工人阶级的阶级觉悟。"学生学习工人阶级之精神，工人阶级学习学生之知识，由此两者的结合遂成为中国革新运动中不可分割之中坚要素。"工人阶级有了学生的帮助，"如虎添翼，实力日壮，阵容更齐，工人运动亦更激烈"。

第三，对于中国工人阶级的缺点进行了总结。

李汉俊分析有三点：其一，是乡土之感情。这种情感在中国人之中有着广泛的基础，他虽然没有用封建性这个概念，但他的所谓乡土观念实质上包含了这层意思。这种"深深扎根"中国社会的情感，直接影响着工人阶级之自觉性的被唤起，"从而妨碍现在之大团结"。

其二，与知识分子的关系方面。由于在封建社会中，知识分子是为统治阶级服务的，成为统治阶级的帮凶，因此工人将知识分子作为对立面。通过五四运动，工人与知识分子开始结合，但还存在许多问题。工人运动必须有理论来指导，才能成为自觉阶级，这就需要知识分子。但实践已经证明，知识分子必须到工人运动中去，与工人共同组织开展运动。但学生作为工会负责人直接领导组织，其效果并不太好。他以汉口学生援助工人运动为例，说明在有些组织中，知识分子以雇员的身份参加工人组织，并居领导地位，其他知识分子接近较有觉悟的工人，进行"间接之领导，其活动成绩往往较好"。

其三，中国工人阶级最大的缺点是人数太少。200万人在失业的3000万人中都是一个少数，在4亿人口中，"其比例何其之小！开展革命之必要因素很多，而没有革命武器怎能进行，虽具备革命之必要因素，而拥有革命武器之人却仅有200万"。由于工人阶级人数少,因此实力就弱,也是同盟罢工不能坚持长久的原因。如何解决这个难题呢?他没有提出一个明确的意见,但他从世界无产阶级的全局来认识这个问题,"中国革命必然要成为反对国际资本主义之革命,工人运动亦必然要成为国际工人运动之一部,事实上亦如此。单凭这一点,就能纠正中国工人运动之实力弱,人数少之缺点"。

《中国无产阶级及其运动之特征》是当时在海外宣传中国工人阶级运动的一篇重要文章,也是李汉俊对五四运动到五卅运动中国无产阶级运动的总结,其中不乏真知灼见。应该指出,李汉俊对中国革命的探索不是孤立的现象,当时年幼的中国共产党在列宁的民族和殖民地理论的指导下,全面探索中国革命的一般带规律性的问题,主要在对中国社会性质和分清敌我友等基本问题,做出了马克思主义的回答。李汉俊以上有意义的探索,尤其是对中国工人运动的总结为基本思想的形成作出了自己的贡献。当时他已不是一个共产党员,但这篇文章表明他的马克思主义信仰没有变,虽然他的分析不够精确,这是因为时代的局限性。其基本观点是符合中国革命的实际情况的,表明他虽然在组织上不是中共的一个成员,但在思想、政治上与党保持一致。

第七章
CHAPTER SEVEN

# 最后的岁月

## 在大革命的洪流中

1926年7月,在国共两党的合作下,国民革命军进行了伟大的北伐战争。正是在这关键时刻,李汉俊挺身而出,积极投入到民族解放的斗争中去。在这前进的道路上,他的挚友董必武起到了很大的作用。

董必武长期从事统战工作,利用他与国民党的密切关系,对首次国共合作作出了卓越的贡献。1923年年底,董必武就开始参加国民党汉口市党部的筹备工作。次年他负责成立了国民党湖北临时省党部。在五卅运动中,国民党湖北省党部正式成立,由董必武、陈潭秋等11名共产党员和3名国民党左派组成了国民党湖北执行委员会。在董必武和陈潭秋等共产党员的核心作用下,国民党湖北省党部成为首次国共合作的坚强堡垒和光辉典范。1926年1月,董必武到广州参加国民党二大。在此期间,他积极鼓励消沉的詹大悲振作起来投身革命。同时,他利用中共党团的作用,在会上选举詹大悲为国民党二大候补中央执行委员,他亦被选为候补中央执行委员。

在北伐战争前夕,董必武再次到广州与国民党中央商议,决定成立湖北迎接北伐军特种委员会,董必武担任主席。随后,他与詹大悲同船去上海。在上海,他们与李汉俊会合。他诚恳地动员老朋友参加即将兴起的大革命高潮。董必武与李汉俊(詹大悲去了江西,动员军阀方本仁参加北伐战争)可能同船回武汉。

在此之前,李汉俊实际已经参加了国共合作的工作。他利用李书城的关系,做了夏斗寅的策反工作。

夏斗寅(1884—1951),字灵炳。湖北麻城人。早年毕业于湖北武备学堂,1906年参加中国同盟会。1911年参加了武昌辛亥首义。1917年孙中山先生在广州成立护法军政府，高举起反对北洋军阀的护法大旗。李书城立即响应，赴湖南，将被军阀王占元打败退到湖南边的夏斗寅一个团和张笃伦的一个团，合编成"湖北护法军"，李书城被推为总司令，设司令部于湖南津市，孙中山委任他为湘西防务督办。在1921年湖北自治运动时，夏的部队被编为湖北自治军，约有一个师，夏任自治军前敌司令。夏之所以能成为一师之长，完全是李书城栽培的结果。夏斗寅与李家兄弟关系甚笃。在北伐前夕，李书城通过李汉俊与夏斗寅联系。5月中旬，夏斗寅秘密经上海去广州，宣布起义，被国民政府委任国民革命军鄂军第一师师长。

1926年7月中旬，国民党湖北省第三次代表大会在武昌举行，其任务就是讨论迎接北伐军。8月21日以董必武为团长、李汉俊为副团长的湖北各界代表团抵达长沙，热烈欢迎北伐军。次日在湘的国民党中央执行委员、监察委员和湖北、湖南两省的国民党省党部的执行委员举行联席会议，董必武、邓演达[①]向会议提出了促进湖北省党务具体方案，并获得通过。会议决定成立政治经济委员会，由蒋介石、邓演达、詹大悲、夏曦、李汉俊等组成，李汉俊担任该会秘书。同时，他还被委任国民革命军总司令部秘书。会后与詹大悲一道，随同北伐军打回武汉。

这时武昌还没有攻克，李汉俊一方面协助董必武，为支援北伐军攻打武昌城而奔波；另一方面积极参加湖北革命政权的建设工作。9月23日湖北政务委员会宣布成立，李汉俊和詹大悲等出席了第一次会议，邓演达为主任，李汉俊为政务委员兼接受保管委员会主席委员。政务委员会下设四个科，其中教育科长原定郭沫若，因他坚辞不就职，改为李汉俊兼任。由

---

① 邓演达（1895—1931），字择生。广东惠阳人。早年参加中国同盟会。在首次国共合作中，是孙中山三大政策的坚定拥护者。北伐时，任国民革命军总司令部政治部主任、武汉行营主任、湖北政务委员会主席。大革命失败后，去苏联。1930年回国，组织中国国民党临时行动委员会，反对蒋介石的反动统治。1931年11月29日在南京被杀害。

于湖北政务委员会的人选是蒋介石指定的，所以是一个"鱼龙漫衍的模范政府"，委员会五花八门的什么人都有。有的昨天还是罪该万死的旧军阀，而今天摇身一变成为功高千古的功臣。李汉俊和詹大悲却是"铮铮佼佼的第一流人物"①。

这个时候，湖北的政治形势还是较复杂的，各派政治力量围绕着政权展开激烈的较量。主要有蒋介石、湖北军阀刘佐龙、湖南军阀唐生智等的势力，而国民党左派邓演达又缺乏力量和魄力。中国共产党湖北区委为了将湖北地方政权掌握在手中，决定在未来的省政府中，必须确立国民党左派邓演达、詹大悲、蒋作宾、李汉俊的政治地位。10月25日、11月9日、11月18日中共湖北区委在致中共中央的报告中，请党中央向国民党中央转交由中共湖北区委和国民党湖北省党部、湖北政治会议拟定的政府成员名单，名单中确定李汉俊为省政府委员、教育厅厅长。

李汉俊也主动与中共在政治上保持一致，成为坚定的国民党左派。11月1日，在湖北政务委员会第四次会议上，经李汉俊提议决定成立湖北教育讨论会。他担任主席，接着以主席的身份，聘请董必武、钱介磐（共产党员）、耿丹、邓初民等九人为委员，负责"改造及振兴"全省教育事业②。

1927年1月1日，在国民党湖北省第四次全省代表大会上，李汉俊和董必武、钱介磐等15人被选为执行委员。4月10日，湖北省政府正式成立，取代了湖北政务委员会。李汉俊和董必武、恽代英（共产党员）、詹大悲、邓初民、张国恩等为省政府委员，他兼教育厅厅长。湖北省政府完全被共产党和国民党左派所控制。李汉俊和恽代英受政府委托，起草了省政府成立宣言。

李汉俊在中国大革命的中心，以极大的热情投入到火热的斗争中去。

---

① 郭沫若：《革命春秋》，人民文学出版社1979年版，第106页。
② 上海《民国日报》1926年10月10日。

1927年1月1日，湖北全省总工会第一次大会开幕。他和项英、刘少奇、林育南等出席了开幕式。他在大会上发表了振奋人心的讲演，称颂"农工是解放的钥匙，无农工世界不能存在，无农工世界亦不能解放"①。2日，武汉人民举行庆祝北伐胜利及国民政府中央党部迁鄂纪念大会，他在武昌的庆祝晚会上发表了长篇演讲。

英帝国主义面对日益高潮的大革命洪流，竟显得十分紧张。汉口英租界的四周都架上电网，堆上了沙袋，海军陆战队的士兵和义勇队日夜巡逻。北伐军抵达汉口后，租界军警时与北伐军发生冲突。1月3日下午2时，为庆祝北伐胜利和国民政府在汉办公，中央军事政治学校政治科宣传队在江汉关码头中国一侧进行宣传，群众十分认真地听讲，秩序井然。英租界顿时如临大敌，全副武装的水兵登岸，架起了十多挺机关枪。

下午4时许，英国水兵突然从租界内冲出，不由分说，用刺刀驱杀广大群众。群众激愤起来，用石块与之对抗。结果数十名群众受伤，其中三人重伤。这就是汉口一三惨案。

英帝国主义在大革命的中心地，公然向中国人民挑衅！顿时武汉迅速掀起了反对帝国主义的风暴。李汉俊、董必武等正在主持国民党湖北省第四次代表大会。第二天在会上，一个委员报告了惨案经过，当场做出决定省党部派代表出席临时中央党政联席会议以定对英方针。

1月5日下午2时，武汉各界30万人在汉口济生三马路举行反英大会。会后群众冒雨举行大游行，激愤的群众进入租界，要求收回英租界。当日，武汉临时联席会议决定组织设立"汉口英租界临时管理委员会"，由外交、财政、交通三部部长组成，以外交部部长陈友仁为主席，主持英租界公安市政事宜。这样中国人民首次自动收回令中国人民耻辱了66年的这块"国中之国"。

---

① 《汉口民国日报》1927年1月5日。

1月6日，在国民党湖北省第四次代表大会上，议决了十二项反英措施，主要是对英国政府和驻汉领事发出警告，通电全国和世界，组织对英经济绝交委员会，各县代表回县组织、发动反英运动等。7日下午，国民党湖北第四次代表大会为一三惨案、团风惨案①，在武昌阅马场召开武昌市民对英示威大会，到会群众20余万人。李汉俊和董必武等委员和代表参加了大会。李汉俊还作为大会政治文件起草委员将反对帝国主义，进行国民革命的内容写进了会议的有关文件中。

9日，在武昌学联举行的游艺会上，他和恽代英等发表了演讲，受到学生们的热烈欢迎。10日，在中国济难会湖北总会招待国民党湖北省第四次代表大会的代表的集会上，他以济难会交际股主任的身份，致欢迎词，号召大家为全国和全世界被压迫民族的解放而努力。24日，他参加了董必武为所长的湖北省中小学教师党义研究班开学仪式，并在该班担任教员。他鼓励学员"要站在农人和工人方面"，"要跟着民众而变成被压迫阶级的工具"②。

农民问题是大革命的中心问题，以两湖为中心的农民运动掀起了高潮，他十分重视农民问题。在一次集会上，他说："各位要知道，世界一切所需物资，都是我们农民做出来的，马克思说'社会上有二种财富，一是土地，一是劳动'，土地劳动都有密切关系，仅有土地，没有劳动，人类的衣食住不能得着。"所以农民是文明之母，也创造了历史。"农工不仅是世界的创造者，还有力量来改造社会。在革命的过程中，农工是主力军。……我们总理的农工政策，许多人误会了，以为仅仅是保护农工利益，殊不知农工解放了，我们也解放了。所谓农工政策，不是我们解放农工，是要求农工解放我们，因为占十分之八九的农工起来参加革命，任何人无法制止，

---

① 1926年12月26日，英国亚细亚号油轮在武汉下游团风水面，撞沉既济公司商轮神电号，淹死中国群众400余人。

② 《汉口民国日报》1927年2月14日。

所以结果必定得着胜利。""我们看帝国主义所压迫的是谁，就是我们农工阶级。军阀所压迫的也是我们农工阶级。所以我们不仅有打倒军阀的必要，还有打倒帝国主义的必要。""同时还要联合世界上的弱小民族，我们的敌人才可以打倒，革命才可以成功。"①

在大革命时期，他是湖北省政府的教育厅厅长，负责教育工作。教育是为革命服务的，他将主要精力放在培养革命人才方面。那时各种各样的培养工人、农民骨干的学校应运而生。这是教育界的新鲜事物，他身为省教育界的最高领导人，给予了极大的支持。

中共中央于1926年11月15日通过的《目前农运计划》中第六项规定，"在武昌开办农民运动讲习所"。毛泽东于1926年年底到武汉后，即与湖北、湖南、江西三省的国民党省党部商议筹办，湖北省党部推出李汉俊、陈荫林、张国恩参加筹备工作。李汉俊积极参加了这项事业。

1927年1月16日，湘、鄂、赣三省党部推出毛泽东、李汉俊、陈克文、周以栗、张国恩等人组成农讲所筹备处。3月7日，武昌农讲所正式上课。来自全国18个省市的810名学员，分成4个班，4月4日，在武昌北角校内举行了隆重的开学典礼。李汉俊参加了这个值得纪念的日子。他在该所主讲"世界政治经济状况""中国职工运动"。对农民运动，他给予了热情的颂扬。

1月21日，汉口市党部工人运动讲习所开学，他主讲"三民主义"。与此同时，他还在汉口学生联合会主办的冬令讲学会教授"社会学大纲""人生哲学"。他的讲授，联系实际，深受学生们的喜欢。此外，他还对董必武主办的湖北省中小学校教师党义研究班、宋庆龄兼任班主任的国民党中央妇女党务训练班、湖北省党部党务干部学校、总政治部宣传员训

---

① 《李汉俊先生演说词》（1927年3月4日）。

练班、湖北文官养成所、司法部法官党务训练班、湖北农民训练班等，不仅给予支持，而且担任教授或去作演讲。

这一时期兴办的各类学校中，武汉中央军事政治学校是最有影响的学校之一。从该校筹备时开始，李汉俊就参加筹备工作并给予支持。1926年11月1日，在武昌两湖书院成立中央军事政治学校政治科招考委员会，邓演达为主席，李汉俊与董必武等为委员。1927年2月12日，中央军事政治学校武汉分校举行了开学典礼。在国民党中央执行委员会扩大会议上，决定武汉军事政治分校为中央军事政治学校本校。他被聘为政治教官。

为了培养革命人才，1926年12月，国民党中央和武汉国民政府，决定将国立武昌大学、湖北商科大学、文科大学、法科大学等学校合并成立武昌中山大学。李汉俊是筹委会的主要负责人。他立即与其他委员投入紧张的准备工作。

筹委会决定将校址分设三处，一处为前武昌大学（简称中大一院），一处为前商科大学（简称中大二院），一处为前法科大学（简称中大三院）。在经费一时没有着落时，李汉俊决定由湖北政务委员会教育科负责开支。

筹委会还决定大学实行委员制。1927年2月9日国民党中央党部和政府第二十二次联席会议指定李汉俊和徐谦、顾孟余、章伯钧、周佛海等五人为国立武昌中山大学委员，实由李汉俊负责。2月20日，武昌中山大学举行了盛大的开学典礼，邓演达、董必武等领导人莅会祝贺。武昌中山大学主任委员徐谦发表演说，李汉俊在会上报告了学校筹备经过，最后邓演达作了《何谓革命文化》的长篇讲演。

学校的校务实际由李汉俊主持，在他负责起草的学校组织大纲中，明确规定"本校以研究高深学术养成革命人才为宗旨"[1]。他聘请董必武等为

---

[1] 《汉口民国日报》1927年4月30日。

校务委员，邀请国共领袖到校演讲。聘请鲁迅（未到任）、钱玄同、刘伯垂、陈启修、邓初民、陈望道、李四光、高一涵、李达、沈雁冰等社会名流为教授、讲师，还聘请了五个苏联教授及其他外籍教师。共产党组织派包泽英、王平章、邬聘三等共产党员、共青团员到学校学习和工作。

中山大学是一所革命的大学，实行的都是新的学制和教学内容。学校设理、医、商、法、文、预科。文科有中国文学系、外国文学系、教育学系、社会历史系和哲学系，法科有政治学系、法律学系和俄文法政学系，经济科（商）有经济学系、商业学系，理科有数学系、物理学系、化学系、生理学系、地质矿物学系，医科有医学系、药学系，预科有文科部和理科部。学制为本科四年，医科五年，预科二年。

李汉俊十分重视学生的政治思想工作，学校专门成立政治训练委员会，推选共产党员董必武、陈潭秋、钱介磐为委员。4月12日，武昌中山大学学生会成立，李汉俊在会上说："我们要牺牲个人的利益，为全部分的整个利益，故学生会必须团结，全体会员为各级痛苦民众利益而奋斗。"①

他鼓励学生参加火热的革命斗争实践。武汉每一项重大政治活动，都可以看到中山大学学生的身影。28日，李大钊被奉系军阀杀害于北京，李汉俊为挚友的遇难而无比悲痛，在武昌中山大学举行的追悼大会上，怀着悲愤的心情，号召学生们踏着革命先烈的足迹走下去。他说："常有一般号称革命同志，均自以为我是重要分子，我不能随随便便的牺牲，牺牲必须有很大的代价，这完全是错误思想，我们必须无论何时何地，均必须有牺牲的决心。"②

李汉俊经常抽空关心教学，亲自授课，抽查学生作业和试卷。刘仲衡遵照董必武嘱咐考入武昌中山大学法科。毕业考试时他写了《法学通论》一文，其中对《周易·蒙卦》中"法刑人"一句做了新的解释，认为"刑"

---

① 《汉口民国日报》1927年4月13日。
② 《汉口民国日报》1927年5月24日。

与"型"相通,"法刑人"不是绳之于刑法之意,而是效法典型的意思。"人非圣贤,孰能无过,过而能改,善莫大焉。"因此,他主张法律也应以教育为主,注重改造人的思想,树立典型,将犯人改造成新人。李汉俊看后大喜,在卷面上批道:"民主思想的法学。"随后,他把这篇文章送给董必武阅,董也十分赞赏[①]。

7月10日,武昌中山大学隆重举行第一届学生毕业典礼大会。李汉俊出席了这一盛会。他望着这152名毕业生,心中涌起一股激流。武昌中山大学是国共第一次合作的结晶,体现了这一时代的精神,其教学内容和方法都灌注了革命教育的内涵,是一所新兴的大学。

李汉俊为教育事业呕心沥血,使湖北教育呈现一派欣欣向荣的景象。在财政相当困难的情况下,他力争到20万元,并要求各级政府严格规定:教育经费不准挪作他用,学校应尽量节省行政开支,将有限的经费,切实地用到教育事业上。他还在武汉国民政府的支持下,争取使一些被军队、机关和团体任意强占的校舍归还给学校。

针对中、小学校教师月薪一般只有六七元,根本无法养家糊口的情况,湖北省规定了中小学校教师的月薪标准,小学教师工资分八级,最低级为70元,最高一级为140元。初、高中教师最低的也有130元和150元,而且实行"年功加薪"制,每满两年依次晋一级,成绩优异者可提前晋级。这样调动了广大教师从事教育事业的积极性。

对于工农子弟上学,湖北教育机关做出规定,家庭每人平均月收入在六元以下者,免收学杂费、实习费,三元以下者,除免费外,还供给书籍;农民子弟,家庭每人平均占地三亩以下者,免收学杂费、实习费,两亩以下者,除免费外,还供给书籍;士兵子弟,一律免收学杂费、实习费,供

---

① 访问刘伸衡记录(1982年6月7日)。

给书籍；其他贫苦子弟，酌量情形，"施行贷费办法"①。他还十分关心海外留学生，当他知道留法勤工俭学的学生津贴没有着落时，立即向湖北政务委员会提出，经第十九次政务会议决定照旧维持半年②。

在李汉俊的主持下，湖北普通教育有了空前的发展。小学教育以汉口为例，到1927年6月，已办起市立小学6所，正在筹备者1所，市立初级小学20所；立案的私立小学30余所，准予注册的私塾306所。武昌共有7个区，每区都有1所市立小学。黄冈县过去有公私学校百余所，现在已有县立小学8所，县立初级小学10所，私立小学6所，私立初级小学410所，受教育者有1.7万人，超过以往4倍多；黄安县的公私小学更达700所。湖北省政府还公布了《湖北中等教育计划》。该计划打破了以前的地方区域界线，在交通中心地点筹设或改组中等学校。计划在全省分设10个省立中学、10个省立女子中学。其中，省一、二中和一、二女中设在武汉，三至十中和三至十女中分别设在襄阳、宜昌、荆沙、黄冈、钟祥、郧县、恩施、蒲圻等市镇。在高级中学里，不仅设置了文理科，而且还设立了一些实用学科，如农、商、师范学科。湖北省政府还计划普及义务教育，颁发了《实施义务教育计划大纲》，计划将全省352.8万学龄儿童通过7年的时间都能普及义务教育。

## 与国民党右派作斗争

在武汉国民政府时期，革命洪流奔腾向前，然而以蒋介石为首的国民党新右派，在帝国主义的支持下，叛迹也日益显露。1927年初，蒋介石窥

---

① 《汉口民国日报》1927年2月9日。
② 《湖北政府公报》第7期，1927年1月。

探武汉政权已由共产党人与国民党左派所控制,于是便反对迁都武汉,擅自宣布迁都南昌,引发了一场迁都之争。

中国共产党人与国民党左派立即发起了"提高党权,反对独裁"的斗争,重申建都武汉。2月13日,李汉俊出席了国民党湖北省党部、汉口特别市党部的临时联席会议。会上提出了"恢复党的权威,统一党的指导机关"的主张,并作出了相应的决议。

2月19日,湖北省国民党省党部执监会召集武昌、汉阳、汉口各级党部开联席会议,董必武为大会主席,李汉俊作政治报告。他义正词严地说:"中央迁鄂是在广东经全体中央执委议决者,在外交军事政治党务各方面均属必要,若推翻原案,不仅违背多数党员的意志,且违背客观的事实及人民的要求,吾们要破除封建制度,必须力量集中于最高指导机关,以运用大多数的意志,决不能依照少数人的自由意志,否则非民主集中制,乃个人独裁,如此不仅违背本党总章,且破坏了党的生命。"他号召国民党党员"宜一致努力运动",诊治"独裁"的"病象"①。

2月24日,武汉三镇各级国民党党部1.5万党员和20万群众举行大会,李汉俊和董必武等参加了大会,与广大党员和群众一道高呼"巩固中央权威,统一本党的指导机关!""恢复党权!"等口号。同一天,陈公博奉蒋介石令到汉"刺探"情况。李汉俊和詹大悲入夜见陈,对蒋介石破坏革命的行径痛加斥责。陈公博为蒋介石的行径辩解,双方争论到半夜。陈公博怀疑他俩是受到共产党的"操纵",最后他们不欢而散。

2月27日,以湖北省阳新县商会会长为首的反动分子,用煤油将县党部的工作人员和农民运动领袖等九人活活地烧死,制造了骇人听闻的"阳新惨案"。消息传到武汉,3月2日,李汉俊与钱介磐、郭树勋等,出席了

---

① 《汉口民国日报》1927年2月23日。

董必武在湖北国民党省党部主持的紧急会议。会议做出紧急决议：派专员会同政务委员会立即前往阳新调查，严肃处理此案；组织惩治土豪劣绅条例起草委员会，敦促政务委员会迅速派遣部队镇压土豪劣绅的暴乱。会后，湖北省政府派出警卫一团两个连的军队前往阳新，就地枪决了两个反革命分子，把商会会长押到省城，交司法厅审理。

不久，在董必武、李汉俊等努力下，国民党湖北省党部会同省政府、省农会、省总工会、省妇协等单位，正式成立了湖北审判土豪劣绅委员会，并通过了《湖北省惩治土豪劣绅暂行条例》。这些活动及条例的制定，极大地推动了两湖日益兴起的农民运动，沉重地打击了蒋介石等右派的反革命活动。

与此同时，蒋介石也加快了反革命步伐，屡生事端。3月6日，蒋介石指使其党羽在江西赣州密谋杀害了中华全国总工会特派员、江西全省总工会副委员长兼赣州总工会委员长、共产党员陈赞贤。16日，蒋介石在南昌的爪牙，利用非法的国民党江西省党部，强行解散了国民党南昌市党部。17日，蒋介石组织一批流氓匪徒，手持刀剑棍棒，捣毁了九江市党部和九江总工会、农民协会，杀死杀伤市党部和总工会的工作人员多人。20日，他到达安庆，立即指使特务处长杨虎，收买一批青红帮、流氓、行帮头目，组织所谓"安徽省总工会"，并组成100人的敢死队，大打出手，将国民党安徽省党部、安庆市党部、总工会和省农会等革命团体完全捣毁，并打伤多人。26日，蒋介石抵达上海，在帝国主义和江浙集团的怂恿下，策划更大的反革命阴谋。

中国共产党人和国民党左派针对蒋介石的反革命的行径，迅速做出反击。3月10日至17日，中国国民党二届三中全会在汉口召开。在中国共产党人与国民党左派的共同努力下，会议决定废除常委会主席制，改为常委集体领导；实际上免去了蒋介石的中央军委会主席、军人部部长和组织部部长等职务。但保留了他的国民革命军总司令、国民党中央执行委员会常委等职务，同时选举远在国外的汪精卫担任国民党中央和国民政府主要领导职务。这样又在革命队伍里留下了隐患。二届三中全会将"提高党权运动"推向了高潮。

李汉俊始终站在这场斗争的前哨阵地。国民党二届三中全会后,国民党湖北省党部立即发表了由李汉俊参加起草的省党部拥护国民党中央决议的宣言。该文件指责蒋介石自三二〇中山舰事件以来,"虽有中央执行委员会之存在,而不能充分行使职权;虽有总理遗嘱之存在,而不能充分促其实现;虽有本党主义政权之存在,而不能行使职权"。特别是北伐以来,蒋介石个人的权力更加膨胀,使一般人"知有个人而不知有党,知有封建势力,而不知有民众"。蒋介石"以为我即党也,我即革命也,我即领袖也,举凡本党一切主义政纲策略,以及总理遗教,倘认为不合者,可以弃而不顾,可以随意践踏"。所以本党目前之危,"不在帝国主义,不在军阀,不在一切反动势力。而在假本党之名,阳假革命之名,以行个人独裁之实"。宣言再次强调孙中山的三大政策,"为统一革命势力,本党既建立基础于农民,而足为农民之密友者,厥为无产阶级之工人,领导无产阶级作革命运动者,厥为共产党,总理以其大公无我之意志,共产党以其光明正大之态度,诚意合作,使中国革命发展,一日千里。此不特中国革命前途之乐观,亦世界革命前途之乐观也"①。

3月12日,武汉三镇100万群众举行孙中山逝世二周年的纪念大会,李汉俊参加了这次大会。会上通过了董必武代表国民党省党部提出的十二条提议。该提议旗帜鲜明地指出:"遵总理遗训,历行总理的联俄联共扶助农工三大政策","提高党权,恢复民主集中制","要求蒋总司令明确提出他最近对于总理政策的态度"等。这个提议成为当时武汉人民革命行动的口号。21日,省党部执委会举行会议,专门做出"蒋介石叛党案",

---

① 《汉口民国日报》1927年3月31日。

议决呈请中央执委会免去蒋介石本兼各职,再行议处。31日,省党部第二十一次常委会议,再次要求国民党中央免去蒋的职务,由宣传部列出其反动罪行给予公布,并作宣传大纲①。

4月11日,国民党湖北省政府宣告成立的第二天,李汉俊在国民党湖北省党部纪念周上作政治报告综述了最近国内政治形势。他指出最近一周所发生的事,就是很多地方发生了土匪、流氓、红枪会等捣毁各级党部及农会,捕杀或捣伤党员及会员。如麻城、天门、黄梅、松滋、江陵、随县、钟祥等地,发生遏阻农运的事,"这一方面固然是表示为封建基础的土豪劣绅,更猛烈地向革命势力进攻;一方面也是表示革命更深入了农村,革命之主力军的农民更猛烈地进行,这可以说是湖北现在真正地进入了革命的状态"。他尖锐地指出:土豪劣绅是"革命势力以外的势力",正在与"革命以内的势力"联系起来进攻革命。而这个"革命以内势力"的代表人物就是蒋介石。

他历数了国民党右派最近日益猖獗的反动行为。3月31日,重庆的反动派勾结暴徒3000人,乘国民党四川省党部及人民团体召开市民大会之机,暴徒出动,当场杀死男女学生及工人几百人,打伤1000多人。这场血案的祸首就是被蒋介石用巨金收买的四川军阀王陵基。3月30日,在杭州,一群流氓到总工会附近挑衅,并捣毁总工会,击伤职员多人。3月31日,工人纠察队上街游行,要求当局惩办肇事者,当局非但不加惩办,反而镇压游行的人,并禁止工人游行。至于蒋介石近来反动的情形就更加明显,"在南昌命段锡朋霸占江西省党部,捣乱全省党务,及人民团体,命倪弼枪杀赣州总工会委员长陈赞贤,封闭南昌市党部……并封闭革命报纸《赣州日报》。到九江,又勾结流氓,捣毁九江市党部、总工会、六军政治

---

① 《汉口民国日报》1927年4月1日。

处，并击杀同志。到安庆，又大规模地组织青红帮的流氓，捣毁安徽全省代表大会，及民众团体，击杀同志，并到处乱放官吏，阻止国民政府所任官吏就职，既捣乱党务，击杀群众，又败坏国民政府政权之统一。……他现在又把军事委员会总政治部上海分部也封闭了"。由以上的情形可知全国的反革命势力，现正以本党军队的总司令蒋介石为中心，联合起来围攻革命势力，革命正面临着危机。

在这种情形下，国民党湖北省政府成立了。它成立的意义何在呢？李汉俊做了阐述。他说：湖北政务委员会是在国民革命军攻占汉口、汉阳，而武昌还没有攻下来的时候成立的，"所以是敷衍迁就各方面而成立的，本年初党的力量虽然显出来了一点，但是党权运动还没有发动，由中央执行委员五人会同省党部制定省政府的委员名单，要进步一点，但是还不免有许多迁就敷衍，包含着许多实力分子，或其代表。这次的名单是党权运动业经开始之后重定的，所以敷衍迁就也就完全没有了，而完全是一个党的政府了，这一点是值得我们十二分注意的"。我们要知道军事支配政治就是军阀制度，湖北政务委员会及流产的湖北省政府的名单，都是在军事支配政治的情况下产生的。要打倒军阀制度是我们革命的目的之一，如果没有这次党权运动，也不可能有湖北省政府的成立，所以从湖北省政府的成立，也可以看出党权运动的意义和成功。

4月11日，李汉俊参加了董必武主持召开的国民党湖北省党部第二十五次执委会。会上做出了呈请国民党中央速免蒋介石职务的决议案。4月12日，蒋介石就在上海发动了反革命政变。李汉俊立即和武汉民众一道愤怒声讨蒋介石。

蒋介石发动反革命政变后，革命阵营内的矛盾日益加剧。4月中旬，武汉国民政府举行第二次北伐。5月17日，武汉国民政府所辖独立十四师师长夏斗寅受蒋介石指使，勾结四川军阀杨森，发动叛乱，突然从西扑向防备空虚的武汉，形势十分严峻。

对夏斗寅的背叛，李书城、李汉俊尤其愤怒。李书城多次打电报给夏斗寅，要他撤回军队于原防地，并声讨夏的不义行动。在这紧急关头，李汉俊力主讨伐夏斗寅。18 日，国民党湖北省、汉口市两党部"为夏逆斗寅叛背党国，举兵犯顺"，举行执监联席会议，董必武担任会议主席，李汉俊参加了会议。会议议决"通电声讨夏斗寅"、武汉三镇召集群众大会、"宣布夏斗寅叛党罪状"、"发表告十四师士兵及各界宣言"等六项决议①。

当时李伯刚（书渠）任夏斗寅部政治部宣传科长，被夏斗寅驱逐回汉，李汉俊立即动员他写一篇夏斗寅叛变经过的文章，在报上发表以揭露夏斗寅的反动本质。27 日，李汉俊赴武昌首义公园，出席"讨奉讨夏大会"。会上，他和郭沫若等相继发表演说，谴责夏斗寅为蒋介石的"小走狗"。5月30 日，他在"纪念五卅追悼南北死难烈士及济难运动周宣传大会"上指出："现在帝国主义又利用新军阀蒋介石作他们的新工具，来压迫革命的民众，革命的民众，大家要起来奋斗。"②

新旧军阀在帝国主义怂恿和支持下，对武汉国民政府实行经济、军事封锁，形势日趋恶化。李汉俊清楚地认识到这是帝国主义扼杀革命的新阴谋。他指出：当前的困难是帝国主义造成的，而它们反而乘机造谣，说这是中国革命的不好，国民党的不好，共产党的不好，"好使国民革命主力军之一的工人起来，反抗革命，一使革命自溃。但是现在的中国民众，都很明白他们的痛苦之所在，都明白他们现在的痛苦，都是由于帝国主义的捣乱，不但不为他们的谣言所惑，反而愈激起他们的（反帝）热情和反抗帝国主义"③。

在革命日益动荡的时刻，汪精卫也在暗中加紧策划反革命阴谋。国民

---

① 《汉口民国日报》1927 年 5 月 18 日。
② 《汉口民国日报》1927 年 5 月 31 日。
③ 《汉口民国日报》1927 年 4 月 17 日。

党湖北省党部在董必武和李汉俊等共产党员和国民党左派的共同努力下，成为国共合作的坚强堡垒。全省党务有了迅猛的发展，到4月底国民党除了已在汉口建立特别市党部外，还在77个县建立了基层组织，党员已由原来的3万发展到9万。有组织的农民已达250多万，工人51.3万，商民近4万，青年4.1万，妇女6.3万，共316万多人被发动起来，占全省总人数的十分之一。湖北地区的革命运动奔腾向前。为了巩固已有的革命成果，将革命推向前进，为了反击蒋介石的反革命活动，国民党湖北省党部决定召开国民党湖北第一次省市县联席会议。

6月22至26日，国民党湖北第一次省市县联席会议在武昌召开。会上，汪精卫代表国民党中央训词，对董必武主持的省党部横加责难，对湖北农民运动极为不满。李汉俊作为会议总主席，在会上针锋相对地充分肯定了省党部的工作，对农工运动尤其称颂，指出农工的力量是革命的基础，提出"为巩固革命的基础"，"非武装农民不可"，枪支不够"只有到军队中去找枪"。他提醒中央注意，农运中出现一些偏差，主要是因为乡间政权混杂有土豪劣绅、不良分子；至于"阻挠税收问题"，也不全然是"人民幼稚"，"有些是由于官吏贪污所引起的"。他提醒中央应该"建设真正的廉洁政府"，"建立健全的乡村自治"①。

在他主持下，会议通过《接受中央训令决议案》《政治报告决议案》《湖北省市县联席会议宣言》等文件（见《党务周刊》第1期1927年7月10日）。在这些文件里，体现出来的根本精神是：巩固革命的统一战线，推行乡村自治，继续打倒土豪劣绅，反对帝国主义，声讨蒋介石，打倒一切反动势力的中心。在宣言中指出："一切反动势力，因革命势力之发展，亦结成反革命的联合战线，张牙舞爪，希图蠢动，并且千方百计，想摇动

---

① 《汉口民国日报》1927年6月25—28日。

革命的新根据地，但终为伟大雄厚的革命势力所镇压"。

7月4日，李汉俊在湖北省党部总理纪念周上作了长篇政治报告（《党务周刊》1927年第1期）。这是迄今发现有关他在大革命失败前夕的最后一份文件。报告分成三个方面。首先，政治方面。在我国北方由于帝国主义出兵华北，有许多人以为这是帝国主义形成联合战线对付中国的一种表现形式。他指出这个观察是完全错误的，因为帝国主义的出兵是根据两个原则：1.互相监视；2.共同分惠。由于帝国主义在华的利益所产生的矛盾及机会均等，它们不可能形成联合战线。他们现在知道用对付郭松龄事件①的旧办法来对付革命军恐怕是不可能的了，于是竭力勾结其新走狗蒋介石，"即万一不能维持其旧走狗张作霖之残喘，亦可掩护其新走狗蒋介石占领直鲁，以抗革命军，且于此或可要挟叛逆而得到更大的权利"。但是蒋介石为维持军心起见，还不敢公然取消反对帝国主义的口号来保护帝国主义。而帝国主义也对蒋介石不免又发生怀疑，所以近日又竭全力以助张作霖，造成张作霖就任大元帅之事。

再说帝国主义国家国内情形，不仅无产阶级同情中国革命，而且中产阶级也反对出兵直接干涉中国。他们"亦不愿过于压迫中国，以免引起世界第二次大战，因为世界大战发生，必发生多数苏联式的国家，甚至其本国亦发生革命"。因此当前还不可能发生第二次世界大战，各帝国主义国家也不可能统一对华政策，他们的对华政策，"现均在徘徊歧路游移不定之际"。

其次，经济方面。"帝国主义者的经济封锁，使我们物价日高，经济恐慌，政府与民众均感痛苦。但是社会的经济组织是有机体的，中国是全

---

① 郭松龄事件：郭松龄是奉军的高级将领，早年受到孙中山的三民主义思想的影响。1925年11月，因对张作霖的穷兵黩武、祸国殃民的不满，加上奉军内部的派别斗争，他与李景林、冯玉祥结成反奉三角联盟。11月24日发动倒戈反奉战争，给张作霖以沉重打击。在战争关键时刻，日本帝国主义公然出兵支持张作霖。12月22日，郭军大败，25日郭松龄遇害。

世界经济组织的有机的一部分,如彼此断绝了,不独我们感痛苦,他们也是一样的。"他具体以苏联为例,帝国主义国家最初封锁它,结果没有多大作用,最后各国一一自动取消了封锁政策。汉口是我国原料集中地,帝国主义者封锁,使上海就不能来销货,且原料缺乏,"痛苦恐更甚"。

最后,军事方面。夏斗寅之残部已退至安徽,杨森的军队虽然号称四师,大半为土匪,现已溃不成军。蒋介石"欲与英日帝国主义者妥协,而民众偏偏激烈反对;至(于)武汉则民众与政府完全行动一致,此可见蒋逆之见弃于民众"。"我们须确定自己的信念,农工商学兵一致联合起来,实行整个的三民主义。"由此可以得出结论:帝国主义者的对华政策摇动未定;武汉国民政府政治经济日趋巩固;农工商学兵大联合;打倒蒋介石,实行整个的三民主义,是唯一的出路。

在大革命时期,鉴于李汉俊的政治表现,中共湖北地区党的组织曾经讨论过恢复他的党籍,并向党中央提出建议。可惜这个建议没有回音,使他最后失去了回到党内的机会[①]。

## 不幸遇难

1927年7月15日,汪精卫步蒋介石的后尘,发动了反革命政变,第一次国共合作彻底破裂。革命形势陡然逆转,出现了十分复杂的局面。在两个多月的时间里,国民党经历了宁汉武装对抗到合流。9月20日,由宁、

---

① 此事有两点根据:其一,袁溥之(时任中共湖北区委妇女书记)生前多次回忆,并十分慎重地写下文字材料,肯定中共湖北区委讨论过恢复李汉俊党籍的问题,并报中央请求批准。(见袁溥之:《湖北省委讨论过李汉俊恢复党籍的问题》,《革命史资料》第14辑,文史资料出版社1985年版。)其二,笔者曾于1982年6月20日访问王慧文(1921年在武汉参加中国共产党,1928年脱党)时,他证实确有此事。

汉、沪三方面的国民党中央党部共同组织的中央特别委员会推举出的南京政府成立，武汉国民政府正式宣告结束。

七一五反革命政变后，在国民党湖北省市党部和省政府内的共产党员董必武、恽代英、钱介磐等迅速退出转入地下。这时，在武汉地区国民党存在三大势力，一是汪精卫一派，他们并没有实力；一是唐生智的军事集团（湘），控制了武汉；一是以张发奎为首的军事集团（粤）。张发奎因受到唐生智的排挤，以东征的名义，将部队拉到九江一线，意欲回广东发展。

在这样险峻的形势下，李汉俊一度陷入苦闷、彷徨之中。一方面，他反对清洗共产党，曾对李伯刚说："国民党这样清党，把一点力量都清去了，国民党也就要完蛋了，革命的希望还是共产党。"但他又不同意共产党的武装暴动政策，与他的朋友邓演达、施存统、许德珩等思想一致。他们希望在中国走第三条道路，出现第三党，"团结农工及小资产阶级来作国民革命"。他将这个想法与唐生智谈过几次，老奸巨猾的唐生智表面同意他的一些看法，所以他"对唐存在一些幻想"①。他的这些思想大体上也代表了李书城、詹大悲、邓初民的想法。

这时，董必武和李富春向他伸出了热情的手，给他指明了方向。7月中下旬，董必武为安排一部分同志向南昌转移而去九江的前夕，曾找李汉俊谈话，他说："这次党的撤退，没有布置后卫，原来同党合作的人，要留下做点工作。"②李富春也对李汉俊和邓初民指出，应该坚持革命，不过可以继续以国民党左派的身份守住摊子，"你们能够守多久就守多久"③。

这样李汉俊与李书城、詹大悲、邓初民等国民党左派利用合法的身份开展活动，坚持斗争。董必武领导的国民党省党部和省政府早被汪精卫一

---

① 李伯刚：《回忆李汉俊》，《党史研究资料》1982年第7期。
② 李伯刚：《回忆李汉俊》，《党史研究资料》1982年第7期。
③ 邓初民：《九十述感》，《湖北文史资料》第3辑，1981年9月。

伙视为眼中钉，7月20日，汪任命孙科、孔庚、潘云超为湖北特别委员会委员，即日负责湖北省党务，主要任务就是清洗共产党员。同日，武汉国民政府免去了董必武、恽代英等共产党人的湖北省政府委员的职务。李汉俊和李书城、孔庚、詹大悲、邓初民等还留在省政府，李汉俊仍兼教育厅厅长。27日，武汉国民党政治委员会会议决定李汉俊和李书城、孔庚、孙科、罗贡华、邓初民等九人为国民党湖北党部改组委员，负责改组全省党务。31日，湖北党部改组委员会第一次会议任命李汉俊为青年部长，邓初民为宣传部长，张国恩为农民部长。

8月1日，国民党湖北省政治委员会举行第十六次会议，李汉俊与李书城、孔庚等出席，会议推举孔庚、李书城、叶琪为省政府常委；决定由李汉俊等三人起草《湖北省政府第二届委员就职宣言》。这份文件表明了他们对时局的态度。宣言先简短地回顾湖北省政府自4月成立以来的历史，指出所谓国民党中央最近察觉"共产党阴谋销毁本党，并发现过去农工运动，因发展太速，及领导失职，致发生种种错误，正力谋改善整理，同时为打倒蒋逆，谋革命之出路，不得不出兵东征。当此严重时期，同人适奉国民政府命令，掌理湖北全省政务，应行兴革之事"，当务之急就是巩固后方与防止反动。"一方面极力设法纠正民众运动之幼稚及错误行动，一方面则令党员全体动员，从事于民众之宣称及组织。"本政府"努力为湖北民众利益奋斗，并唤起湖北民众为自己利益奋斗"[①]。

在这里应该分析一下，李汉俊为什么发表"激烈"的反共言论呢？首先与复杂险恶的形势有着密切的关系。李汉俊等在这样错综复杂的情况下，为了生存下来，不得不发表"反共"言论以自保。而且李汉俊发表"反共"言论，往往是作为改组后的国民党省党部和省政府的名义发表的，是"衔

---

① 《汉口民国日报》1927年8月7日。

命"之作。其次，他们当时是国民党左派，并不是共产党员，因此产生第三条道路的思想正符合他们的政治立场。最后，听其言，更应该观其行。他的行动比言行更说明问题。在关键的时刻，他为共产党和革命人民做了许多好事，并且最终献出了自己的生命。

他和李书城等在力所能及的范围内，保护了一批共产党员和青年进步人士。李汉俊以青年部长、教育厅长和武昌中山大学负责人的身份，把一批尚没有暴露身份的共产党员安插在这几个单位工作。武昌中山大学学生中的共产党员、共青团员也受到过他的保护。他不让右派担任教学工作，聘请了李达、林可彝、刘云门等左派教授，稳定革命师生的情绪，守住了这块"赤化的学校"阵地。

在大革命时期，湖北全省中、小学校长几乎都是共产党员和国民党左派。孙科以武汉国民政府青年部长的身份，下令成立湖北省教育委员会，派亲信主持会务，将李汉俊排挤在外，叫嚷要清洗全省中、小学校的共产党员。李汉俊在省改组委员会第五次常委会上，被任命为教育委员会七委员之一，把孙科提名的人排斥在外。他还预先通知一些担任校长的共产党员，使他们安全脱险，挫败了孙科的阴谋。

国民党右派攻击"湖北政权由左倾分子李书城及亲共分子李汉俊、詹大悲所主持"①，阴谋取而代之。8月，他们以湖北省党部改组委员、省政府商民部罗贡华和汉口特别市党部常委刘叔模为头目的国民党右派，秘密组织了三民社，打着维护三民主义的旗号，暗中煽惑青年，企图攫夺武汉政权、党权、教育权，使共产党无立足之地。

李汉俊等掌握这些情况后，于9月27日晚，趁他们在刘叔模处开会之机，将其头目全部抓起来，移送湖北镇压反革命委员会严加管押审理。

---

① 《顺天时报》1927年12月16日。

10月6日组成李书城、朱霁青、叶琪三人特别委员会审理此案。同日省党部贴出通知,"以前误入三民社者,皆须自首及呈报该社一切印刷物,得于免究,否则一经查出,即行严办"①。随后,公开审判了罗贡华、刘叔模等,并于11月3日判决,将三民社解散,取消罗贡华、刘叔模的改组委员职务,开除其党籍。

蒋介石被迫下野后,9月15日,桂系军阀纠合国民党各派在南京成立了"特别委员会"(以下简称南京特委会),行使国民党中央最高权力。9月21日,汪精卫、唐生智在武汉宣布成立武汉政治分会,与之对抗。10月19日,南京特委会组成西征军,分三路进攻武汉。

形势日益恶化。李汉俊和詹大悲产生了去日本的念头,曾与董必武商量。董必武"当时很不赞成",劝他们"不应该随便离开革命战线"②。他们遂决定留下来坚持斗争。西征军到达武汉前夕,李汉俊和李书城等以湖北省政府的名义,"将当时在武汉被捕获的共产党嫌疑分子二三百人全部释放"③,使他们免遭桂系军阀的杀害。

11月14日,西征军进抵武汉。桂系军阀胡宗铎为武汉卫戍司令,陶钧为副司令。他们在武汉对共产党员、国民党左派和革命群众大屠杀,由于杀人如麻,所以武汉人民叫胡宗铎为"胡屠夫"。南京特委会派出"党务整理委员会"(以下简称整委会),企图控制湖北省市党部大权。

李汉俊和詹大悲等以省市党部改组委员会的名义,发动民众在武汉三镇遍贴"反对南京特别委员会派人整理湖北党务"等标语,并在《汉口民国日报》上抨击整委会。整委会则以《新民日报》为喉舌,攻击省市党部。

---

① 《申报》1927年10月8日。
② 1928年4月1日《董必武的回忆》。
③ 《李书城答觉明的信》(1964年9月12日),《革命史资料》1981年第2期,文史资料出版社1981年版。

"两相争持，各不相下。"①11月29日，政委会致电南京特委会，攻击"湖北省党务夙为共产党及投机分子所把持"，李汉俊、詹大悲、张国恩、邓初民等"皆为附共分子"之"罪魁"②。

同日，整委会强行接收了汉口特别市党部和《汉口民国日报》《楚光日报》。当反动势力向进步力量扑来的危急时刻，李汉俊等与整委会展开针锋相对的斗争。2日下午，他们发动工人、学生收回《汉口民国日报》和《楚光日报》，并登载启事，痛斥整委会是反动派。

李汉俊派武昌中山大学的学生深入工厂，发动工人与整委会斗争，爆发了武昌震寰纱厂（今武汉国棉五厂）事件。事件的导火线是整委会与该厂厂主狼狈为奸，以"共产"及剪发为罪名，开除了10余女工领袖。事件发生后，纱厂工人举行游行，她们到武昌中山大学一院，要求学生声援。11月28日，武昌中山大学的梅玉珂等8名女生及武昌妇协的代表到该厂质问，被厂主及工贼用暴力阻拦，抓走30余名青年学生。消息传到武昌中山大学二院，500多学生立即赶赴纱厂，与工厂的"保安队"发生冲突。

第二天，中共武昌市委组织1万多工人、学生在得胜门举行群众大会，抗议反动当局制造震寰纱厂事件。李汉俊通过国民党省青年部发动了五六百学生到震寰纱厂抗议厂主及工贼的暴行，工人群众和学生站在一起，质问厂主。工贼与群众发生冲突，愤怒的工人、学生当场捕获凶手5人，在厂内空场上举行有3000人参加的审判大会，枪毙了凶手。

李汉俊和詹大悲等的行为引起了反动派的仇恨。整委会通过国民政府明令通缉他俩，并到处张贴打倒及捕缉李、詹的标语。他俩相继呈文省政府请假或辞职后，躲匿于汉口日租界中街（今胜利街上段）42号。董必武也住在附近。他们时有来往，互相鼓励、关心。12月16日，报上披露了

---

① 《申报》1927年12月2日。
② 《申报》1927年12月3日。

董必武"潜伏"日本租界事。李汉俊和詹大悲十分惦念董必武的安全。次日中午，他们请潘怡如专程到董寓，希挚友特别小心。董必武格外关照，"你们危险比我大"①，希望他们保重。

果不出董必武所料，当天下午5时左右，桂系军阀胡宗铎通过日本驻汉领事，派出便衣干探会同日本巡捕，闯进李汉俊、詹大悲寓所。李汉俊穿着睡衣在卧室正与詹大悲下棋，詹大悲的秘书危浩生在一侧观看。军警将他俩拘捕时，李汉俊提出换一下衣服的要求，但遭到拒绝。同时被捕的还有潘怡如、危浩生和洪青三人。

李汉俊匆忙中安慰了妻子陈静珠后，便随军警走出了大门。他的妻子目送他与詹大悲的身影消失在昏暗的灯光下，心情万分凄楚。

董必武惊悉噩讯，立即托朋友营救。反动当局根本不加审讯，便将他俩从武汉卫戍司令部押到汉口特别市公安局。李汉俊、詹大悲要求见胡宗铎，胡没有理睬，下令立即将他俩处决。

晚8时，从市公安局到济生三马路（今单洞门内）的大街上，岗哨林立，一群士兵押着李汉俊、詹大悲向空场（今焕英里）走去。

詹大悲满腔激愤，面向荷枪实弹的士兵发表了简短的演讲，痛骂国民党右派背叛孙中山的三大政策，屠杀工农，是一群披着人皮的禽兽！

李汉俊临刑前向着漆黑的天空呼道："胡宗铎的手段真辣啊！"

12月17日晚9时，随着一排枪响，李汉俊和詹大悲壮烈牺牲了，他们在战斗过的江城流尽了最后一滴血。第二天，武汉卫戍司令部发出布告："为布告事，照得詹大悲、李汉俊，为湖北共产党首领，罪恶昭著，业经拿获执行枪决，特此布告，俾众周知。"②

李汉俊的遗孀陈静珠正身怀有孕，为了躲避反动派的进一步迫害，带

---

① 1928年4月1日《董必武的回忆》。
② 1927年12月23日《董必武的回忆》。

着李汉俊前妻所生的儿子李声簧和女儿李声馥东躲西藏。陈静珠是湖北鄂城县葛店人，李书城的好友万声扬的姨妹。李汉俊的前妻陈氏于1920年病故，1923年经万声扬的介绍，陈静珠与李汉俊结为连理。陈不识字，是一个典型的家庭妇女。

1923年陈静珠生下李汉俊的第二个女儿，给这位不能见到自己父亲的小生命起名李声馪，陈静珠终身守寡，60年代初在武汉病逝。

李声簧生于1914年4月16日，从小受到革命的熏陶，1927年7月在湖北省立第一中学读书时，经廖特全介绍，参加中国共产主义青年团。李汉俊牺牲后，他寄宿在伯父李书城家。1929年由团员转为党员。他继承父亲未竟的事业，将自己的一生献给了中华民族解放事业。新中国成立后，工作在科教战线，1975年11月8日在北京去世。

李汉俊的大女儿李声馥在父亲遇难时，只有10岁。在黑暗的社会，她与继母相依为命，饱受人世间的种种苦难。她们母女三人租房时，不敢报李姓。有的房东听说她们是"赤匪首领家属"，就逼她们立即搬家。在夜深人静的时候，她们思念亲人，想到令人揪心的日子，母女哭成一团。为生活所迫，她十五六岁就当上护士，走入了社会。后与甘春辉结为伴侣，在伯父的帮助和教诲下，追求进步。新中国成立后，加入了中国共产党。

李汉俊的遗腹女李声馪要比她的姐姐幸运一些，长大后，她在父亲曾战斗、工作过的武汉大学读书，参加了党的外围组织。新中国成立后成为光荣的中共党员，工作在武汉大学。她的丈夫黄锡文是我国空间物理专家。

## 评价与回忆

李汉俊和詹大悲的遇难震惊了中国，各大报做了及时的报道，几乎均给他们戴上了共产党的红帽子。有鉴于此，中国共产党机关刊物《布尔塞维克》第11期（1927年12月）上发表了署名"寸铁"的文章《冤哉枉也李汉俊》。文章否定了李汉俊是共产党员，并说，"若詹大悲也以共产党罪名遭枪毙，那更是冤枉也了"。

李汉俊与詹大悲遇难的次日（12月18日），董必武在报上看到噩耗后，悲痛得"不可形容"。他立即冒着生命危险收集到詹大悲遇难的照片和一些生前资料。不久他化装去日本京都。在异国他乡，董必武对战友的眷念与日俱增。在春寒料峭的3月，他花了十个夜晚的时间，每晚约写三页，于4月1日午后11时将怀念亡友的纪念文章写毕。全文一万多字，记述了詹大悲战斗的一生，追忆了他与李汉俊相识的经过，特别是他们在五四运动和大革命时期并肩战斗的友谊，以及他们遇难前后的情景，其中许多资料鲜为人知。

后来，董必武又对回忆录做了较大的修改，将1万余字压缩到6000多字，定名为《詹大悲先生事略》的书名，托詹大悲的八弟詹大权（共产党员，1943年牺牲）带回上海。詹大权与詹大悲的女婿魏以新，在潘怡如先生的帮助下，设法在上海印了500本，分寄给国内各大图书馆和部分大专院校。

李书城当时处境也十分危险，当他得知李、詹被捕的消息后，速去老同学程潜处，请程出面营救。程潜虽然是湘鄂临时政务委员会主任委员，但不属于桂系，与胡宗铎矛盾颇深。程潜立即打电话给胡宗铎，但电话没有人接。他马上派秘书长赶赴武汉卫戍司令部交涉，汽车还在途中，李、詹就已遇难。

第二天，李书城也被软禁起来。这件事使李书城对国民党的屠杀政策更加深恶痛绝。1928年3月他获得自由后，到上海，与邓初民等组织湖北革命同志会，又与李达、施存统等创办《双十月刊》，公开站在第三党的立场上，反对蒋介石、汪精卫等背叛孙中山的三大政策，主张反帝反封，为争取民主与国家独立而斗争。

1933年，他担任湖北省民政厅长时，才将李汉俊的遗体移葬到武昌伏虎山北麓卓刀泉庙后。武汉人民自发地举行了路祭。李书城写了一副挽联："枭鸟九头，死在泉壤难瞑目；荆楚三户，终是暴秦掘墓人。"李汉俊的战友陈望道先生曾书"欲哭无泪"，以寄哀思。

1937年美国记者海伦·斯诺访问陕甘宁边区时，采访了董必武。董在回忆自己的战斗生涯时，第一次向外部世界谈到李汉俊。他说："五四运动后，我开始考虑是否能找到革命的新策略和新办法，我同朋友们讨论了这些问题，恰好一名叫李汉俊的中国学生从日本回国。在日本，他阅读了许多马克思主义著作，他向我们介绍了这些著作，从而使我对马克思主义发生了如此浓厚的兴趣。"1920年，中国仅有少数的马克思主义组织。李汉俊，"我的马克思主义老师，计划在上海帮助建立中国共产党，并到武汉同我商量。我决定参加，并负责筹组党的湖北支部的基础"①。

而在前一年，陈潭秋在苏联《共产国际》1936年第7卷第4、5期合刊上发表了《第一次代表大会的回忆》。这篇迄今对中共建党时期研究产生十分重大影响的文章，对中共一大上李汉俊的情况有较详细的记载。

岁月流逝，历史的年轮增加15圈，1952年中华人民共和国开展了大规模的调查烈士并发放烈士证的活动。中南军政委员会民政部为确认李汉

---

① 尼姆·威尔斯：《中国共产党人传记·红尘》，美国格润乌德出版公司1972年版。

俊和詹大悲的烈士资格，向中华人民共和国政务院副总理董必武去函。同年4月2日，董必武回函，他写道：

>詹大悲，湖北蕲春人，满清末年参加湖北反对满清的革命活动，与蒋翊武、潘怡如、李六如等组织振武学社、文学社等革命团体，在汉口办《大江报》鼓吹革命，被捕，辛亥武昌起义出狱，组织汉口军分府。中华民国成立后，当选为湖北省议会议员。同盟会改组为国民党，后詹为国民党员，反对袁世凯被捕，反北洋军阀被通缉，国民党改组后，拥护国共合作。1925年国民党第二次全国代表大会，当选为候补中央委员。国民革命军北伐解放武汉，国民政府迁武汉，任詹为湖北省政府委员兼财政厅长。
>
>李汉俊，湖北潜江人，留学日本东京帝大，学土木工程，研究马克思学说，参加初期的中国共产主义运动，旋因机会主义被中国共产党除名，在武汉大学任社会学系教授，传播了他所认识的社会主义的思想。1926年参加改组后的国民党，赞成国共合作。国民革命军解放武汉后国民政府迁至武汉，任李为湖北省政府委员兼教育厅长。
>
>詹大悲、李汉俊都属国民党左派，1927年7月国共分裂，当时宁汉两地国民党仍是对立的。唐生智据武汉，詹、李仍继续任职，至国民党桂系军阀驱唐，夺取武汉，詹、李始去职。桂系命胡宗铎、陶钧为武汉警备司令，12月胡、陶捕詹大悲、李汉俊，未经审讯立予枪决。
>
>詹、李都是国民党员，思想可能是属于急进小资产阶级的，在国共分裂后，他们仍在湖北省政府任职期间，可能有反共的言论，当时他们还不是国民党中反共积极分子。但他们都实际参加了国民革命的工作，为国民革命而牺牲了生命，我认为他们二人是可以称为烈士的。①

1953年8月15日，据此中华人民共和国主席毛泽东签发了0011号"革命牺牲工作人员家属光荣纪念证"，上面写道："查李汉俊同志在革命

---

① 武汉市档案馆：全宗83，目录1，卷号356。

斗争中光荣牺牲，丰功伟绩永垂不朽，其家属当受社会上之尊崇。除依中央人民政府'革命工作人员伤亡褒恤暂行条例'发给其家属恤金外，并发给此证以资纪念。"同时人民政府给李汉俊家属按照师级发给了抚恤金。

1956年9月15日，董必武在《中国青年报》上，以接受记者访问的形式，谈党的历史时，缅怀了李汉俊。随后他多次谈到这位马克思主义的老师。在1961年他与作家田海燕做自述性的谈话中，系统回顾自己的前半生时，再次谈到李汉俊。

1964年9月12日，李书城以给友人觉明信的形式，写了李汉俊小传，第一次较为详细地介绍了烈士的生平，尤其是李汉俊家庭情况、留日经历，以及他牺牲的经过等，给后人了解、学习英烈提供了十分珍贵的史料。

1969年4月1日，在中共九大上，毛泽东在公开场合下，最后一次回顾了中国共产党的历史。谈到建党时，他说："我们党，从1921年成立，到今天已经有48年这么长的时间了。第一次代表大会，只有12个代表。现在在座的还有两个，一个就是董老，再一个就是我。有好几个代表牺牲了，山东的代表王尽美、邓恩铭，湖北的代表陈潭秋，湖南的代表何叔衡，上海的代表李汉俊，都是牺牲了。"

1971年8月4日，85岁高龄的董必武再次回忆了中国共产党第一次全国代表大会和湖北共产党早期组织的情况。他多处谈到李汉俊。"五四运动时，各种思潮都表现出来……当时社会上有无政府主义、社会主义、日本的合作运动等等，各种主义在头脑里打仗。李汉俊来了，把头绪理出来了，说要搞俄国的马克思主义，介绍《马克思主义入门》，看政治经济学入门到底是资本主义，还是帝国主义，我们也弄不懂，这就是我们的老师，我们的'本钱'。"①

---

① 中国社会科学院现代史研究室等编：《"一大"前后》（二），人民出版社1980年版，第369—370页。

党的十一届三中全会后，随着我国学术界百花盛开的春天的到来，李汉俊这个被历史尘埃掩埋的烈士①被重新提出来了。茅公（沈雁冰）再也抑制不住自己的感情，从1975年开始，用口述的方式整理自己风雨沧桑的人生。他穿过时间隧道，绵绵的往事扑面而来。他的辉煌一生，经历了许多事情，都是风云激荡的20世纪的重大事件。可以说茅公的一生就是一部浓缩了的中国现代史。他所接触的人何止千万，其中有许多都是中国、世界的名人。

有一些人随着时间之河的冲刷，在他的脑海里的印象已经淡化了，唯有一张清癯的脸如石雕一样，永远刻在他的脑际里。他用饱蘸着激情的笔写道："现在年青的一代，乃至中年的一代，大概不知道李汉俊是怎样一个人。我在1921年至1922年，同他有较多的工作关系，我很钦佩他的品德和学问。他是湖北人，中学时代就在日本，直至大学毕业，学的是工科。日文很好，自不待言，甚至日本人也惊佩。又通英、德、法三国文字。德文说得极流利，此为他学工科有关，法文英文也能读能译。他如果不从事革命，稳稳当当可以做个工程师，然而他自日本回国，就曾在京汉铁路工人中活动，为当地军阀所注意，在武汉不能存身，就来到上海，和陈独秀共同发起共产党早期组织……李汉俊绝顶聪明，他是投身革命后才开始学习马克思主义的，但他的马克思主义理论水平是相当高的。"②

李汉俊的外孙甘子久首先在上海《社会科学》1981年第2期上发表了《中国共产党创建时期的李汉俊同志》。作为烈士的后代，自有与一般人所不同的视角，再现了烈士伟大的一生。文章虽然不长，有些史料也不是很准确，但它是第一次在媒体上宣传李汉俊，因而引起读者和学术界的注意。

---

① 毛泽东在"九大"上的讲话、董必武的回忆当时均没有发表，直到"文化大革命"结束后，才渐为人知。

② 茅盾：《我走过的道路》（上），人民文学出版社1981年版，第177页。

接着夏之栩、李文宜、袁溥之、刘弄潮、李伯刚等老同志以个人亲身经历，从不同的角度展示了烈士的生平。包惠僧、郑超麟、杨玉清、赵春珊等也做了回忆。李书城的遗孀薛文淑口述了纪念文章《我对汉俊的点滴回忆》（《湖北文史资料》第 29 辑），从李汉俊嫂子的角度提供了弥足珍贵的史料。

1983 年在胡华主编的《中共党史人物传》（陕西人民出版社出版）第 11 卷上，刊登了由上海一大纪念馆陈绍康，湖北大学骆美玲、田子渝撰稿的《李汉俊》。该传出版后，引起学术界的关注。胡华，中国人民大学党史教授、博士生导师彭明给予了较高的评价。彭明在《〈李汉俊资料选编〉序》中写道："李汉俊的一生，经历了十分复杂的道路。他的政治生涯的前半生，是中国共产党的重要人物。……他的政治生涯的后半生，是国民党著名左派。""长期以来，史学界对李汉俊研究几乎是空白，自 1982 年湖北大学的骆美玲、田子渝和上海一大纪念馆的陈绍康在《湖北大学学报》上发表《李汉俊传略》，继而又在《中共党史人物传》第 11 卷上发表《李汉俊》传后，这一研究空白才开始被填补。"

随着党的实事求是的思想路线的发扬光大，1985 年上海一大纪念馆向中宣部报告，请示将李达、李汉俊的单人照片与毛泽东、董必武、陈潭秋、何叔衡、王尽美、邓恩铭的照片同放大为 20 寸对外展览。同年 11 月 26 日，中宣部复函同意《关于中共一大会址纪念馆修改陈列方案》。在中国共产党诞生 65 周年之际，在上海一大纪念馆内，以上 8 位代表以同一尺寸的照片，以及其他 5 人适当缩小的照片同时展出。新华社立即做了报道，引起海内外的广泛好评。

1981 年李汉俊的墓被维修一新，列为武汉市文物保护单位。墓冢呈长方形，长 4.5 米，宽 3 米，四周筑有高约 1 米的围墙，占地面积 60 平方米，周围为苍松翠柏环抱。墓前立有墓碑，碑高 2.6 米，长 1.3 米，宽 1.1 米。

呈宝塔状。碑正面镌有"李汉俊烈士之墓"。碑文：

  李汉俊（1890—1927）[①]，湖北潜江人。早年留学日本，接触、信仰马克思主义。1920年与陈独秀、李达等发起组建上海共产党早期组织，并积极帮助建立武汉共产党早期组织，出席了中国共产党第一次全国代表大会，会上和董必武首次提出反对帝国主义和反对军阀的口号。1923年因与陈独秀、张国焘意见分歧而脱党，但仍坚持宣传马列主义，积极参加革命活动。1923年京汉铁路工人大罢工时，与广大劳工站在一起，同反动军阀吴佩孚作斗争。五卅运动中，团结进步教师，发动广大学生加入反帝队伍。积极支持北伐战争，欢迎国民政府迁都武汉。1927年任湖北省政府委员兼教育厅长。"四·一二"反革命政变后，他旗帜鲜明地主张讨伐蒋介石，以合法身份坚持与国民党反动派作斗争。1927年12月17日在汉口被反动军阀杀害。1952年8月，中华人民共和国中央人民政府主席毛泽东亲笔签发了李汉俊烈士证书并题"李汉俊同志在大革命中光荣牺牲，丰功伟绩永垂不朽！"

  山林青青，江水滔滔。李汉俊烈士的革命精神将超过时空，永远发出不朽的光芒！

---

[①] 烈士的生年原依据李书城在1964年致觉明的信中提供的，即光绪十六年（1890年）。90年代，日本方面提供了东京帝国大学工科大学的李汉俊三份档案：李汉俊"在学证书""保证人书"和"毕业成绩单"的复印件。这些文件是1918年以前的档案，上面明确记载李汉俊的生年为明治25年，由此确定他出生于1892年。

# 主要参考书目

1. 马尔西著，李汉俊译：《马格斯资本论入门》，社会主义研究社 1920 年版。

2. 陈独秀、李达等编：《社会主义讨论集》，新青年社 1922 年版。

3. 李汉俊编：《唯物史观》（讲义），1924 年。

4. 董必武著：《詹大悲先生事略》，1928 年。

5. 《李大钊选集》，人民出版社 1978 年版。

6. 《毛泽东早期文稿》，湖南出版社 1990 年版。

7. 《恽代英日记》，中共中央党校出版社 1981 年版。

8. 《中共中央文件选集》(1921—1927)，中共中央党校出版社 1982 年、1983 年版。

9. 中央档案馆编：《中共党史报告选编》，中共中央党校出版社 1982 年版。

10. 中国社会科学院现代史研究室等编：《"一大"前后》(一)、(二)，人民出版社 1980 年版。

11. 中共上海市委党史资料征集委员会主编：《中共上海党史大事记(1919—1949)》，知识出版社 1988 年版。

12. 中共上海市委党史资料征集委员会主编：《上海共产主义小组》，知识出版社 1988 年版。

13. 李玉贞主编：《马林与第一次国共合作》，光明日报出版社1989年版。

14. 《湖北革命历史文件汇集》甲1—4。

15. 中共武汉市委组织部等编：《中国共产党湖北省武汉市组织史资料》（1920—1987），武汉出版社1991年版。

16. 中华全国总工会工运史研究室等编：《二七大罢工资料选编》，工人出版社1983年版。

17. 田子渝主编：《五卅运动在武汉》，武汉出版社1988年版。

18. 茅盾著：《我走过的道路》（上），人民文学出版社1981年版。

19. 张国焘著：《我的回忆》，现代史料编刊社1980年版。

20. 陈公博著：《共产主义运动在中国》，中国社会科学院出版社1982年版。

21. 中共中央党史资料征集委员会编：《共产主义小组》，中共党史资料出版社1987年版。

# 后 记

很高兴，我1997年撰写的《李汉俊》（河北人民出版社）在中国共产党已走过百年奋斗历程的今天，由中共党史出版社再版发行。我重新阅读了20多年前的旧作，感到欣慰，几乎没有修改之处，为什么呢？因为这本书是根据大量第一手资料写成的，真实的史料使它经受住了历史考验。

历史大家章开沅说过，只有求真求实的历史作品，才能在历史中站住。反之，不管它在历史中如何人为的风光，最终都要扫进历史垃圾堆里。

研究历史首先要有正确的研究立场与方法。按理说我们有历史唯物主义和辩证唯物主义作指导，有列宁的"在分析任何一个社会问题时，马克思主义理论的绝对要求，就是要把问题提到一定的历史范围之内"[①]的教诲，有毛泽东的"'古今中外法'，就是弄清所研究的问题发生的一定时间和一定的空间，把问题当作一定历史条件下的历史过程去研究"[②]的指示，完全可以写出名垂千古的信史。

不必讳言，目前国内的党史界、社科学界为此还需加倍努力。尤其党的创建史和马克思主义早期传播史的画面还不完整，这当中有史料尚待挖

---

[①] 《列宁选集》第2卷，人民出版社1995年版，第375页。
[②] 《毛泽东文集》第2卷，人民出版社1993年版，第400页。

掘的原因，更有研究思想与方法需要端正的问题。

在研究中，有选择性地选择史料和有选择性地选择人物，是中共创建史和马克思主义早期传播历史画面不完整的主要原因之一。

如关于建党思想，迄今学界集中在"南陈北李"相邀建党的故事，这是必要的，但它发生在1920年2月。此前5个月，即1919年9月7日，在上海《民国日报》副刊《觉悟》上，李汉俊等翻译了日本社会主义者山川菊荣的《世界思潮之方向》，其中心思想就是十月革命开辟了人类的方向，劳工运动、社会主义运动是世界思潮之方向。李汉俊翻译完后，写了一个后记，指出中国决不在这个世界之外，中国必须跟上世界之新潮流。他公开宣布自己是无产阶级一分子，"人家叫我做民党、革命党，我应该在这一点有切实的打算"。所谓民党，根据前后文及历史背景，指俄国社会民主党，而非中国国民党（成立于1919年10月10日）则是十分清楚的。这份史料非常重要，表明在1919年9月就有具有初步共产主义思想的知识分子提出了在中国建立无产阶级政党的想法。这样一份有关建党的原始史料是学界不知道吗？非也。1990年9月12日《光明日报》就发表了《我国最早提出建党思想的是李汉俊》一文，披露了这份史料，然而迄今没有一本创建史著作引用这份史料。

又如1921年6月，由武昌新文化共进社和上海泰东图局出版的《共产主义与智识阶级》，代表了1921年中国共产党第一次全国代表大会前马克思主义中国化的理论水平。它第一次探索了中国是"公共半殖民地"，鲜明地指出，在中国，革命的"第一步是要组织无产阶级先锋队，就是共产党。这个党，就是指挥革命运动的中心机关"。它指出共产主义的信仰，是我们前进的"指南针"。有档案显示，它是中国共产党有组织的重要文宣活动，它在中国共产党第一次全国代表大会前夕出版，是为党的诞生鼓与呼。这样一份有关建党的原始史料是学界不知道吗？

非也。1991年上海三联书店出版的《上海革命史研究资料》，就全文刊布，任武雄先生写了《介绍建党时期的〈共产主义与智识阶级〉》。后来又陆续发表了论文五六篇加以评述，然而迄今并没有引起足够的重视，据说是因为没有搞清楚作者"田诚"。作者固然要搞清楚，但不是关键，关键是这本书的价值。它出现在建党时期，绝不是偶然的，不能因为田诚的地位而决定此书的价值。很显然，这并不符合马克思主义的研究方法。

习近平总书记在纪念毛泽东诞辰120周年座谈会上说道："对历史人物的评价，应该放在其所处时代和社会的历史条件下去分析，不能离开对历史条件、历史过程的全面认识和对历史规律的科学把握，不能忽略历史必然性和历史偶然性的关系。不能把历史顺境中的成功简单归功于个人，也不能把历史逆境中的挫折简单归咎于个人。不能用今天的时代条件、发展水平、认识水平去衡量和要求前人，不能苛求前人干出只有后人才能干出的业绩来。"[①] 这段话，再次给我们研究史提供了科学的方法论。

历史学家李忠杰在《加强和改进对党史近现代人物的研究》的讲话里指出："在历史这幅画卷中，你得承认：有大故事，也有小故事，有大事件，也有小事件，或者说有一些不大不小的事件、不大不小的故事。有主流，有主要的历史，也有很多的花絮。有大人物，有小人物，还有那些说不上大也说不上小的人物，不大不小的人物。有正面人物，也有反面人物，还有一些说不上是正面还是反面，你很难界定的人物。如果历史研究都用单一的色彩、单一的标准来描绘的话，历史就很难是真实的、客观的。因此，为了完整地再现历史，我们就要尊重历史本身的事实。无论是作过伟大贡献的人物，还有没有作过太大贡献的人物，甚至没有贡献的人物，曾

---

① 习近平：《在纪念毛泽东同志诞辰120周年座谈会上的讲话》，《人民日报》2013年12月27日。

经作过贡献、后来不一定又作过什么贡献的人物，对他们都是可以进行研究、思考的。"① 这段话给我们治学做出了表率。

作者于武昌沙湖寓所<br>2023 年 1 月

---

① 李忠杰：《加强和改进对党史近现代人物的研究——在"纪念袁振英诞辰 115 周年学术研究会"上的讲话》，《上海革命史资料与研究》第 9 辑，上海古籍出版社 2009 年版，第 3—4 页。